新编

会计案例丛书

财务会计教学案例

上市公司会计准则执行情况分析（会计调整与信息披露篇）

（第五辑）

刘永泽 主编

傅荣 孙光国 副主编

Cases Study in Financial Accounting

An Analysis on the Performance of Accounting Standard of Public Companies

(Accounting Adjustment and Disclosure)

东北财经大学出版社

Dongbei University of Finance & Economics Press

大连

图书在版编目（CIP）数据

财务会计教学案例．第五辑／刘永泽主编．—大连：东北财经大学出版社，2015.1
（新编会计案例丛书）
ISBN 978-7-5654-1766-5

Ⅰ．财…　Ⅱ．刘…　Ⅲ．财务会计-案例　Ⅳ．F234.4

中国版本图书馆 CIP 数据核字（2014）第 301228 号

东北财经大学出版社出版
（大连市黑石礁尖山街 217 号　邮政编码　116025）
教学支持：（0411）84710309
营 销 部：（0411）84710711
总 编 室：（0411）84710523
网　　址：http：//www.dufep.cn
读者信箱：dufep @ dufe.edu.cn

大连图腾彩色印刷有限公司印刷　　东北财经大学出版社发行

幅面尺寸：170mm×240mm　字数：158 千字　印张：8 3/4　插页：1
2015 年 1 月第 1 版　　2015 年 1 月第 1 次印刷

责任编辑：李　彬　王芃南　李　栋　　责任校对：王　娟
封面设计：冀贵收　　版式设计：钟福建

ISBN 978-7-5654-1766-5
定价：20.00 元

前　言

在《财务会计教学案例》（第一辑）实现对企业会计准则的总体关注的基础上，我们从《财务会计教学案例》（第二辑）起，致力于对上市公司执行企业会计准则情况的专项研究。继本案例丛书的第三辑——《财务会计教学案例》（上市公司会计准则执行情况分析·资产篇）以及第四辑——《财务会计教学案例》（上市公司会计准则执行情况分析·负债、收入、费用篇）之后，我们推出本系列的第五辑——《财务会计教学案例》（上市公司会计准则执行情况分析·会计调整与信息披露篇）。

第五辑结合我国上市公司执行企业会计准则6年以来的年报数据和相关机构的分析资料以及相关的真实案例，分别设置会计政策变更、会计估计变更、会计差错更正、资产负债表日后事项、分部报告和关联方披露6个专题，聚焦上市公司对与信息披露和会计调整相关的具体准则的执行情况，进行综合梳理和个案分析。

本辑在分析上市公司执行企业会计准则总体情况和典型个案时所涉及的企业会计准则主要包括：

《企业会计准则第28号——会计政策、会计估计变更和差错更正》；

《企业会计准则第29号——资产负债表日后事项》；

《企业会计准则第35号——分部报告》；

《企业会计准则第36号——关联方披露》。

本辑在编写体例上，继续秉承案例丛书“形散而神不散”的原则，各章的内容框架基本上包括以下4个方面：相关准则主要知识点归纳、上市公司执行准则的总体情况分析、典型案例分析、思考题。与前4辑相比，本辑更加注意总体分析与主要知识点的契合性、典型案例的实用性、思考题目的针对性，也更加努力去引导读者通过总体分析和个案剖析来发现准则执行中存在的问题。

《财务会计教学案例》专辑由刘永泽教授（中国会计学会副会长、中国内部控制研究中心主任、东北财经大学博士生导师）担任主编，由东北财经大学傅荣教授、孙光国教授担任副主编，由 11 位编写者承担具体编写任务。各个案例的编写者均在案例结尾处署名，最后由刘永泽、傅荣和孙光国 3 位教授进行修改、总纂并定稿。

本案例丛书的编写得到了东北财经大学会计学院院长方红星教授的支持与指导，得到了东北财经大学出版社的大力帮助，在此一并表示感谢！

本书如有不足、失误甚至错误，恳请读者批评指正，谢谢！

编　者

2015 年 1 月

目　录

第一章

会计政策变更

主要知识点

定义	会计政策变更是指企业对相同的交易或事项由原来采用的会计政策改用另一会计政策的行为
选择依据	对会计政策的判断通常应当考虑从会计要素角度出发，根据各项资产、负债、所有者权益、收入、费用等会计确认条件、计量属性以及两者相关的处理方法、列报要求等确定相应的会计政策
判断基础	1. 以会计确认是否发生变更作为判断基础； 2. 以计量基础是否发生变更作为判断基础； 3. 以列报项目是否发生变更作为判断基础
变更条件	1. 法律、行政法规或者国家统一的会计制度等要求变更； 2. 会计政策变更能够提供更可靠、更相关的会计信息
会计处理	1. 在会计政策变更能够提供更可靠、更相关的会计信息的情况下，企业应当采用追溯调整法进行会计处理； 2. 确定会计政策变更对列报前期影响数不切实可行的，应当从可追溯调整的最早期间期初开始应用变更后的会计政策； 3. 在当期期初确定会计政策变更对以前各期累积影响数不切实可行的，应当采用未来适用法处理
披露	1. 会计政策变更的性质、内容和原因； 2. 当期和各个列报前期财务报表中受影响的项目名称和调整金额； 3. 无法进行追溯调整的，说明该事实和原因以及开始应用变更后的会计政策的时点、具体应用情况

一、总体执行情况

自 2007 年开始，我国开始实施新企业会计准则，其中《企业会计准则第 28 号——会计政策、会计估计变更和差错更正》规范了企业会计政策的应用，会计政策、会计估计变更和差错更正的确认、计量和相关信息的披露要求。其中，会计政策变更是指企业对相同的交易或者事项由原来采用的会计政策改用另一会计政策的行为。一般情况下，企业在每一会计期间和前后各期采用的会计政策应当保持一致，从而保证会计信息的可比性，使财务报表使用者在比较企业一个以上期间的财务报表时，能够正确判断企业的财务状况、经营成果和现金流量的趋势。但是，在一些特殊情况时，企业可以变更本企业的会计政策，但要求企业必须披露企业在会计政策上所做的变更情况。本章以2009—2011年度深市和沪市的所有上市公司为对象研究各企业对新企业会计准则的执行情况。

（一）概要介绍

会计政策，通常是指企业在会计确认、计量和报告中所采用的原则、基础和会计处理方法。会计政策包括会计原则、基础和处理方法。对于一个企业来说，只有在对同一经济业务所允许采用的会计处理方法存在多种选择时，企业的会计核算才有意义，因此企业在制定会计政策时必须严格谨慎，一旦确定下来，不得随意变更。表1-1是对2009—2011年上市公司发生会计政策变更情况的总结。

表1-1　　2009—2011年发生会计政策变更的上市公司统计表

年度	项目	公司数量（家）	占沪深上市公司的比例
2011	存在会计政策变更	21	0.89%
	不存在会计政策变更	2 320	99.11%
2010	存在会计政策变更	203	9.53%
	不存在会计政策变更	1 926	90.47%
2009	存在会计政策变更	271	15.28%
	不存在会计政策变更	1 503	84.72%

2011年，通过对所有深市和沪市2 341家上市公司的2011年度财务报告进行统计，我们发现共有21家上市公司在报告期内存在会计政策变更，占全部深市和沪市上市公司总数的比例为0.89%。存在会计政策变更的上市公司主要分布情况如下：沪市6家，其中B股市场1家；深市15家，其中深市主板12家、深市中小板2家、深市创业板1家。在已披露的上市公司中，不存在会计政策变更的公司有2 320家，占上市公司总数的比重为99.11%。

2010年，通过对所有深市和沪市2 129家上市公司的2010年度财务报告进行统计，我们发现存在会计政策变更的上市公司共有203家，占全部深市和沪市上市公司总数的比例为9.53%。存在会计政策变更的上市公司主要分布情况如下：沪市94家，其中，B股市场1家；深市109家，其中深市主板市场30家，深市中小板市场18家、深市创业板市场6家。在已披露的上市公司中，有1 926家公司不存在会计政策变更事项，占上市公司总数的比重为90.47%。

2009年，通过对所有深市和沪市1 774家上市公司的2009年度财务报告进行统计，我们发现存在会计政策变更的上市公司共有271家，占全部深市和沪市上市公司总数的比例为 15.28%。在已披露的上市公司中，1 503 家企业不存在会计政策变更，占上市公司总数的比重为 84.72%。

（二）会计政策变更条件

一般情况下，企业采用的会计政策，在每一会计期间和前后各期应当保持一致，不得随意变更，从而保持上市公司会计信息的横向可比性和纵向可比性，但是，满足下列两个条件之一的，上市公司可以变更会计政策：

（1）法律、行政法规或者国家统一的会计制度等要求变更。这种情况是指按照法律、行政法规以及国家统一的会计制度的规定，要求企业采用新的会计政策，则企业应当按照法律、行政法规以及国家统一的会计制度的规定改变原会计政策，按照新的会计政策执行。而这种会计政策变更也称为政策性变更。在2009 年度，我国出台的《企业会计准则解释第 3 号》对高危行业的安全生产费的核算方法和上市公司长期股权的核算方法做了修改，使得在进行会计政策变更的 271 家上市公司中有 165 家上市公司依据该准则解释进行了变更，占发生会计政策变更情况的 60.89%，充分体现了准则的有效实施。而在 2010 年度，由于我国发布《企业会计准则解释第 4 号》，这一准则就成为上市公司在 2010 年进行会计政策变更的主要依据。

在进行会计政策变更的 203 家上市企业中，有 177 家上市公司按照《企业会计准则解释第 4 号》的通知进行了会计政策变更（或以解释 4 号的内容为依据：在合并财务报表中，子公司少数股东分担的当期亏损超过了少数股东在该子公司期初所有者权益中所享有的份额的，其余额仍应当冲减少数股东权益），占变更会计政策的上市公司总数的 87.19%，占变更依据为政策法规要求的上市公司总数的 97.79%。在 2011 年度，我国并未出台有关会计政策变更的相关规定，因此，在 2011 年度只有 21 家上市公司进行会计政策变更。由此可见，根据相关法律或行政法规进行会计政策变更是企业进行会计政策变更的主要原因。

（2）会计政策变更能够提供更可靠、更相关的会计信息。由于经济环境的发展或是客观情况的改变，使用企业原来采用的会计政策所提供的会计信息，已经不能恰当地反映企业的财务状况、经营成果和现金流量等情况。在这种情况下，上市公司应根据企业现在所处的经济环境及客观情况来制定更适用于企业的新会计政策，按变更后新的会计政策进行会计处理，以便对外提供更可靠、更相关的会计信息。

在 2009 年进行会计政策变更的 271 家上市企业中，有 106 家企业属于自行会计政策变更，占发生会计政策变更上市公司总数的 39.11%，其自行性政策变更为发出存货成本的计量方法改变和投资性房地产的后续计量模式改变。例如，世茂股份（600823）2009 年 6 月 30 日发布财务报告显示，公司 2009 年（第一次）临时股东大会表决，同意公司对会计政策中有关投资性房地产相关条款进行修订。从 2009 年起，公司对投资性房地产后续计量由成本法模式变更为公允价值模式计量，该上市公司对投资性房地产的后续计量模式的政策性变更属于自行会计政策变更。在 2010 年度，在进行会计政策变更的 203 家上市企业中，仅有 26 家上市公司进行自行会计政策变更，占变更会计政策上市公司总数的 12.81%。而在 2011 年度，21 家发生会计政策变更的企业中仅有 1 家上市公司发生了政策性会计政策变更，其余 20 家上市公司均为自发性会计政策变更。由以上 3 年的数据可以得知，自发性会计政策变更在企业会计政策变更中所占比率较低。总而言之，大多数企业发生会计政策变更的主要原因是国家统一的会计制度要求变更。

（三）会计政策变更的会计处理

IAS8 对会计政策变更给出了两种会计处理方法：追溯调整法和未来适用法。

（1）追溯调整法是指对某项交易或事项变更会计政策时，如同该交易或事项初次发生时就开始采用新的会计政策。按此种方法，企业将累积影响额调整期初未分配利润，单独列在本期的利润表中。以前的年度会计报表也都应按变更后的会计政策进行追溯调整，或重新编制。

*ST 春晖（000976）公司化纤一厂一批专用设备因陈旧过时，于 2008 年起停止使用至今，将来再次改造利用的可能性不大。公司过去未对该批固定资产计提减值准备。据此会计师建议公司进行减值测试并根据测试结果计提适当减值准备，由于该部分设备发生减值的时间应认定为开始停用时比较合理，因此会计师建议作为前期会计差错进行追溯调整。2008 年年末组织专业技术人员和会计人员对该批设备进行了价值估算，测试结果反映其至停用时的 2008 年初该批固定资产只存在废料变现价值，发生减值 5 678 375.70 元。公司据此追溯调整增加 2008 年度资产减值损失 5 678 375.70 元，同时追溯调整减少 2008 年至 2012 年计提的该批资产折旧。

*ST 天龙（600234）公司 2009 年度将出租房产由固定资产核算模式变更为投资性房地产公允价值模式计量，不符合《企业会计准则第 3 号——投资性房地产》的规定，公司 2009 年度对投资性房地产的后续计量模式由成本模式计量变更为公允价值模式计量。此项会计政策变更采用追溯调整法，即按要求应追溯调整到 2007 年年初，而公司当时是调整到 2008 年年初，故需对其进行补充追溯调整。这一调整对净资产影响金额为 2 545 206.5 元，占净资产比重为-1.48%，对净利润影响金额为 1 338 964.45 元，占净利润比重为 3.10%。

中钢天源（002057）根据财政部发布的《企业会计准则解释第 4 号》中第六条规定："在合并财务报表中，子公司少数股东分担的当期亏损超过了少数股东在该子公司期初所有者权益中所享有的份额的，其余额仍应当冲减少数股东权益。同时文件规定上述文件发布前子公司少数股东权益未按照上述规定处理的，应当进行追溯调整。”在合并财务报表中，子公司少数股东分担的当期亏损超过了少数股东在该子公司期初所有者权益中所享有的份额的，其余额仍冲减少数股东权益。如果母公司与该超额亏损子公司发生权益性往来，则按照持股比例和子公司当期净损益计算子公司少数股东应分担的当期亏损或应享有的收益；按照子公司少数股东持股比例和子公司净资产扣除母公司通过权益性往来在合并报表层次已承担的超额亏损后的余额计算期末子公司少数股东权益。

南天信息（000948）的合并财务报表中，子公司少数股东分担的当期亏损超过了少数股东在该子公司期初所有者权益中所享有的份额，其余额应当冲减少数股东权益。公司对子公司超额亏损的会计处理政策进行变更，并对期初数进行了追溯调整。调增 2009 年归属于母公司所有者的净利润 106 543.01 元，调减 2009 年少数股东损益 106 543.01 元。此变更对净资产的影响额为-106 543.01 元，占净资产的比重为-0.01%，对净利润的影响额为-106 543.01 元，占净利润的比重为-0.12%。

（2）未来适用法是指对某项交易或事项变更会计政策时，新的会计政策适用于变更当期及未来期间发生的交易或事项。该方法采用变更后的会计政策处理本期和以后期间发生的经济业务，因为会计信息使用者更关注会计政策变更后对企业今后经营管理可能产生的影响和未来发展，而不是过去。另外，当企业无法正确地确认累积影响额时，唯一采用的就是此法。由此可以看出，追溯调整法的会计处理比未来适用法的会计处理复杂很多。因为未来适用法仅仅对变更期间及其以后期间适用新的会计处理方法，对于变更期间以前采用何种会计处理方法，不再考虑；而追溯调整法不仅对变更期间及其以后的期间适用新的会计处理方法，而且对变更期间以前的会计处理也要按新规定的会计处理方法进行调整，侧重于变更期间以前的会计处理。也就是说，采用追溯调整法处理会计政策变更，是将会计政策变更对企业业绩的影响分布在相关年度，而不是会计政策变更的当年。可见，追溯调整法比未来适用法的工作量要大，企业应当根据具体情况分别采用不同的会计处理方法。

未来适用法的举例：某公司对公司存货采用先进先出法计量，由于物价持续上涨，企业从 2008 年 1 月 1 日起改用后进先出法。2008 年 1 月 1 日存货的价值为 200 万元，公司购入存货的实际成本为 1 600 万元，2008 年 12 月 31 日按后进先出法计算确定的存货价值为 250 万元。假设 2008 年 12 月 31 日按先进先出法计算的存货价值为 460 万元，当年销售额为 3 000 万元，该年度其他费用为 150 万元，所得税税率为 25%，计算会计政策变更对当期净利润的影响数：

①采用后进先出法的销售成本：期初存货+购入存货实际成本-期末存货

=200+1 600-250=1 550（万元）

②采用先进先出法的销售成本：期初存货+购入存货实际成本-期末存货

=200+1 600−460=1 340（万元）

③会计政策变更对利润总额的影响：先进先出法的销售成本−后进先出法的销售成本

=1 340−1 550=−210（万元）

④会计政策变更对所得税的影响：−210×25%=−52.5（万元）

⑤会计政策变更对净利润的影响：−（210−52.5）=−157.5（万元）

（四）关于会计政策变更的披露情况

一般情况下，企业一旦确定了会计政策，不得随意变更。若是满足了特定条件后，变更了企业的会计政策，则必须在年度财务报告中对会计政策变更进行披露。企业应当在附注中披露与会计政策变更有关的下列信息：①会计政策变更的性质、内容和原因。②当期和各个列报前期财务报表中受影响的项目名称和调整金额。③无法进行追溯调整的，说明该事实和原因以及开始应用变更后的会计政策的时点、具体应用情况。我国各个上市公司关于会计政策变更披露的信息一直不甚完善，有待加强。

在2011年度2 341家上市公司中，变更了会计政策的有21家上市公司，占2 341家上市公司的0.89%。这一比率与2009年和2010年相比都是比较低的，主要原因就在于2009年和2010年我国出台了相关法律法规，致使大部分企业都针对其中的规定进行会计政策变更，这属于政策性变更。变更了会计政策的21家上市公司中，仅有凤凰传媒（601928）、佳都新太（600728）、茂化实华（000637）3家上市公司披露了变更会计政策的依据，其中，只有凤凰传媒（601928）变更会计政策的依据为政策性法规要求，其余2家上市公司变更会计政策为自行变更。

通过分析2010年各个上市公司的财务报告中关于会计政策变更的内容，我们发现在2 129家上市公司中，变更了会计政策的有203家上市公司，占2 129家上市公司的9.53%。变更了会计政策的203家上市公司中，除华远地产（600743）、中国卫星（600118）、S＊ST万鸿（600681）3家上市公司外，均披露了变更会计政策的依据，其中，变更会计政策的依据为政策法规要求的有181家上市公司，占变更会计政策的上市公司总数的89.17%。另外，银星能源（000862）等20家上市公司变更会计政策的依据为自行变更，占变更会计政策的上市公司总数的9.86%。另外，在变更了会计政策的上市公司中，有银星能源（000862）等68家上市公司对会计政策变更进行了追溯调整，占变更会计政策的上市公司总数的33.50%；9家上市公司对会计政策变更采用了未来适用法，占变更会计政策的上市公司总数的4.43%，没有公司表明其累计影响数较小；也没有公司表示因没有确凿证据表明未来能够获得足够的应纳所得额未对会计政策变更进行追溯调整；另外广宇发展（000537）等126家上市公司未披露对会计政策变更是否进行了追溯调整，占变更会计政策的上市公司总数的62.09%，以上种种情况都表明我国上市公司相关信息披露还有待加强。

二、典型案例

◆案例一：山东金城医药——追溯调整法

山东金城医药根据财政部《企业会计准则解释第3号》的规定，对自产的危险化学品销售收入计提的安全费用进行了追溯调整，将调整后的利润表和资产负债表作为前期比较财务报表。本次会计政策变更具体调整事项如下：调增2009年年初专项储备1 357 141.30元，相应调减2009年年初留存收益1 432 277.23元，调减固定资产75 135.93元；调增2008年年初专项储备526 107.81元，调减2008年年初留存收益540 276.56元，调减2008年年初固定资产14 168.75元。公司按照财政部、国家安全生产监督管理总局公布的财企478号《高危行业企业安全生产费用财务管理暂行办法》中的计提标准对公司销售的危险品的安全费用进行计提。具体采取超额累退方式按照以下标准逐月提取：①全年实际销售收入在1 000万元及以下的，按照4%提取；②全年实际销售收入在1 000万元至10 000万元（含）的部分，按照2%提取；③全年实际销售收入在10 000万元至100 000万元（含）的部分，按照0.5%提取；④全年实际销售收入在100 000万元以上的部分，按照0.2%提取。

◆案例二：*ST朝华——会计政策变更的经济后果

*ST朝华会计政策变更概述

1. 变更日期

变更日期为2010年1月1日。

2. 变更原因

财政部于2010年7月14日发布了《财政部关于印发企业会计准则解释第4号的通知》（财会［2010］15号），附件中的有关规定涉及本公司目前正在进行的资产重组过程中所发生的审计、法律服务、评估咨询等中介服务费的会计处理，根据该规定，公司决定变更相关的会计政策。本次会计政策变更属于公司根据法律、行政法规或者国家统一的会计制度的要求变更会计政策。

3. 变更前后采用的会计政策

（1）变更前采用的会计政策。按照“非同一控制下企业合并中发生的与企业合并直接相关费用，包括为进行合并而发生的会计审计费用、法律服务费用、咨询费用等，应当计入合并成本”会计政策，公司将上述费用暂列其他应收款，待重大资产重组完成后，作为企业合并成本以及权益性证券溢价收入的抵减部分进行账务处理，若重组未能实施，上述相关费用则在确定不能实施重组时计入当期损益。

（2）变更后采用的会计政策。根据《财政部关于印发企业会计准则解释第4

号的通知》（财会［2010］15号）要求，公司决定将上述会计政策变更为“非同一控制下的企业合并中，购买方为企业合并发生的审计、法律服务、评估咨询等中介费用以及其他相关管理费用，应当于发生时计入当期损益；购买方作为合并对价发行的权益性证券或债务性证券的交易费用，应当计入权益性证券或债务性证券的初始确认金额”。本次会计政策变更采用追溯调整法进行会计处理。

4. 本次会计政策变更对公司财务状况的影响

（1）会计政策变更对2008、2009年度的资产、所有者权益、损益的影响，具体见表1-2。

表1-2 **会计政策变更对2008、2009年度的资产、所有者权益、损益的影响** 单位：元

资产项目	2009年12月31日			2008年12月31日		
	追溯调整前	追溯调整后	影响金额	追溯调整前	追溯调整后	影响金额
其他应收款	12 668 280.26	73 660.26	-12 594 620.00	5 293 013.10	207 013.10	-5 086 000.00
所有者权益项目	2009年			2008年		
	追溯调整前	追溯调整后	影响金额	追溯调整前	追溯调整后	影响金额
未分配利润	-1 126 263 940.33	-1 138 878 560.33	-12 614 620.00	-1 120 547 455.39	-1 125 633 455.39	-5 086 000.00
损益项目	2009年			2008年		
	追溯调整前	追溯调整后	影响金额	追溯调整前	追溯调整后	影响金额
管理费用	9 990 920.29	17 519 540.29	7 528 620.00	10 079 462.40	15 165 462.40	5 086 000.00
利润总额	-5 716 484.94	-13 245 104.94	-7 528 620.00	-10 348 894.95	-15 434 894.95	-5 086 000.00
净利润	-5 716 484.94	-13 245 404.94	-7 528 620.00	-10 348 894.95	-15 434 894.95	-5 086 000.00

（2）会计政策变更对2010年度6月之前资产、所有者权益、损益的影响，具体见表1-3。

表1-3 **会计政策变更对2010年度6月之前资产、所有者权益、损益的影响** 单位：元

资产项目	2010年6月30日		
	追溯调整前	追溯调整后	影响金额
其他应收款	16 070 943.02	90 841.02	-15 980 102.00
所有者权益项目	2010年6月30日		
	追溯调整前	追溯调整后	影响金额
未分配利润	-1 129 589 254.26	-1 145 569 356.26	-15 980 102.00
损益项目	2010年1—6月	2010年1—6月	2010年1—6月
	追溯调整前	追溯调整后	影响金额
管理费用	3 319 929.81	6 685 411.81	3 365 482.00
利润总额	-3 325 313.93	-6 690 795.93	-3 365 482.00
净利润	-3 325 313.93	-6 690 795.93	-3 365 482.00

三、思考题

1. 您认为《企业会计准则第28号》中关于会计政策变更的准则，还有哪些需要改进的方面?

2. 根据上述对企业会计准则执行情况的总结，我国上市公司在执行有关会计政策变更的准则时存在哪些问题?

3. 举例说明案例1中，山东金城医药作出了哪些会计政策变更调整?

4. 山东金城医药会计政策调整的依据是什么?会计政策调整在会计处理上需要注意哪些问题?

5. 通过分析表1-3的数据，说明会计政策会对公司财务状况以及生产经营产生哪些影响?

6. 根据上述关于《企业会计准则》的总结，简述影响我国上市公司会计准则选择的依据有哪些?

四、思考题参考思路

1. 在准则制定时，主要在以下几方面尚需完善：

(1) 在会计准则中没有规定披露的具体格式。这直接导致我国各个上市公司在附注中披露对会计政策变更的影响数格式不统一，有的公司只是披露了一部分科目的影响金额，像对损益的影响只披露对利润总额影响的，还有披露对净利润影响的。因此，建议以后在对会计准则进行修订时，能够规范披露格式，并披露考虑税费后对净利润的影响，便于报表使用者充分了解会计政策变更的影响。如红太阳（000525）披露的就较清晰，对影响涉及的合并资产负债表和合并利润表的项目列表披露，一目了然。

(2) 会计准则对累积影响数进行会计处理单一生硬，且内容披露得不全面。比较《国际会计准则第8号》，既有基准方法的追溯调整法，也有备选方法的追溯调整法，从而把累积影响数分别计入期初留存收益和当期利润。我们的做法只规定把累积影响数不加区分地计入期初留存收益：一是需要调整较多的会计报表项目，比如需要调整盈余公积、未分配利润等项目，有时还必须重编比较会计报表，在涉及调整多个会计期间的报表项目时很容易发生差错；二是在调整当期无法在报表上反映经过调整的项目数据。

(3) 会计准则对会计政策变更在会计报表附注中披露的要求过于简单。准则中没有规定需要披露会计政策变更的性质、会计政策变更的判断以及累积影响数的具体计算等，在现行缺乏自愿披露动机的情况下，不能给会计报表使用者更多的有用信息。

2. 通过对上述执行情况的分析，我国上市公司在执行有关会计政策变更的准则时主要存在以下几个方面的问题：

（1）累积影响数不容易取得。企业变更会计政策的原因多种多样，各种因素的累积影响数不同，有些累积影响数难以取得，不可避免地存在人为估计成分，致使会计信息的客观性无法保证。

（2）对利润表项目的影响披露的内容不统一。影响的口径不一致，对于利润表金额的影响部分公司披露了对于利润总额的影响，而一些公司披露的是对净利润的影响，如果没有涉及所得税费用调节的话，两者在金额上应该是一致的，但如果对所得税费用进行了调节，那么对比的口径就出了问题，不利于公司之间的平行比较，也不利于投资者理解会计政策变更事项对会计信息的影响。

（3）披露不明确。如东凌粮油（000893），广州冷机将原有冰箱压缩机的全部资产与负债与广州东凌实业集团有限公司持有的广州植之元油脂实业有限公司的100%股权进行置换。置换后，公司的经营主体为广州植之元油脂实业有限公司，公司的会计政策和会计估计均变更为与广州植之元油脂实业有限公司的一致，但没有披露具体的变更情况。

3. 由以上案例可知，山东金城医药作出了以下调整：调减2009年年初留存收益1 432 277.23元，调减固定资产75 135.93元；调增2008年年初专项储备526 107.81元，调减2008年年初留存收益540 276.56元，调减2008年年初固定资产14 168.75元。

4. 根据《企业会计准则解释第3号》的规定，高危行业企业按照国家规定提取的安全生产费，计入相关产品的成本或当期损益，同时记入“专项储备”科目。企业使用提取的安全生产费时，属于费用性支出的，直接冲减专项储备。企业使用提取的安全生产费形成固定资产的，应当通过“在建工程”科目归集所发生的支出，待安全项目完工达到预定可使用状态时确认为固定资产；同时，按照形成固定资产的成本冲减专项储备，并确认相同金额的累计折旧。该固定资产在以后期间不再计提折旧。

5. 会计政策变更会对企业市场价值、企业管理层、股东、债权人产生一定影响

（1）对企业市场价值的影响。当会计政策改变了观察的数据，它可能影响股票价格；并且管理者的报酬可能依赖于股票价格，而股票价格则依赖于管理者的行为。对管理者自身业绩的评价也可能部分地依赖于这些股票的价格。由于股票市场对管理当局利益的直接影响，管理当局可能会用会计政策选择这种特殊的方式操纵收益。会计政策选择具有经济后果，虽然可能不影响企业现金流量，但却能够影响企业的价值及其股票价格。

（2）对企业管理层的影响。在现代企业中，为了降低代理成本，企业的管理当局与股东之间都签有一定的奖酬计划，主要包括管理报酬计划、分红计划和

业绩计划。这些计划都是根据会计信息制定的，管理人员的报酬随着报告盈利的增加而增加，提高报告收益的现值可提高管理人员报酬的现值。如果收益低于需要支付红利的最低水平，则管理层存在减少当年收益的动机，即尽可能提前确认“收益损失”，以增加本来的期望利润和分红；如果管理者的分红计划中包括了认股权，那么管理当局则选择能平滑收益的会计方法，以保持其股票价格的稳定增长。企业管理当局对会计政策选择的立场是维护收益最大化的企业立场。

（3）对企业股东的影响。道德风险是指由于市场中的一方不能观察另一方行动的情况，而造成一方对另一方有关行为的信息不对称。“逆向选择”是信息不对称的另一种类型，是指掌握信息优势的一方利用信息优势来获取超额利润的现象。“逆向选择”的一种表现形式是企业管理当局有动机隐瞒不利信息，因为不利信息会损害他们的名誉，继而降低他们在经理人市场的价值。

（4）对企业债权人的影响。为了降低风险，债权人通常要求在债务契约中规定一些限制性条款。限制性条款一般都是依据会计信息订立的，对条款的监督，也通过会计信息进行，这样就使会计程序方法与违约的可能性大小直接相关，从而为管理当局的会计政策选择提供了可能。在其他条件不变的情况下，企业的负债权益率越高，企业管理当局便越有可能选择将报告收益从未来期间转移至当前的会计政策；如果企业在某种情况下将发生违约行为，管理当局总是会通过变更会计程序或者改变会计方法以避免这种违约行为。企业越是与特定的、基于会计信息的限制性条款联系紧密，管理当局越是可能采用可增加当期收益的会计政策以逃避违约的惩罚。会计政策的选择增加了债权人的契约成本。

6. 企业会计政策选择是指企业根据本身的特点为达到一定的目标，在会计处理时依据既定规范（此规范一般由各国的会计准则、会计制度等组成），对可供选用的具体会计原则、方法和程序进行定性、定量的比较分析后，拟定决策并加以执行，对会计政策的判断通常应当考虑从会计要素角度出发，根据各项资产、负债、所有者权益、收入、费用等会计确认条件、计量属性以及两者相关的处理方法、列报要求等确定相应的会计政策。企业一经选定某种方法，就不能随意变更。其中，影响会计政策选择的理论有3类：一是有效市场假说；二是实证会计理论；三是经济后果理论。

（1）有效市场假说。有效市场假说理论认为：①在次强式或强式股票市场上，市场能够无任何偏好地对包括会计程序变动在内的所有信息作出反应。②由于信息交流，资本市场最终会了解一家公司是否存在现金流动问题。一家公司绝不可能依靠会计来作为欺诈手段，长期隐瞒现金流动问题。一旦为外界发现，那么，次强式以上的股票市场就会对会计收益中隐含的未来现金流动问题作出大致正确的评估并通过当期股票价格反映出来。总之，有效市场假说理论认为会计政策选择无关紧要，不影响企业的现金流量和企业价值，有效资本市场将形成不偏不倚的股票价格。

（2）实证会计理论。实证会计理论对会计政策选择的影响是通过对分红计划、债务契约和政治成本的考察，推导出在其他条件均不变的情况下：①实施分红计划的企业，其管理人员更有可能把报告收益由未来期间提前至本期确认；②企业的负债权益率愈高，企业的经理人员便愈有可能选择将报告收益从未来期间转移至当期的会计程序；③企业的规模愈大，它的管理人员就愈有可能选择那些能够将当期收益递延到下期的会计程序。

（3）经济后果理论。史蒂芬·杰夫将经济后果定义为“会计报告对企业决策行为、政府、债权人所产生的影响”，这个定义的本质在于，会计报告能够影响管理者和其他人员作出的真实决策，而不仅仅是反映这些决策的结果。

主要参考文献及数据来源

［1］李海霞．上市公司会计政策变更的动因及对策［J］．边疆经济与文化，2006，(4)．

［2］周晶．会计政策、会计估计变更和会计差错更正的处理和披露［J］．中国商界（下半月），2010，1.

［3］刘莹，黄胜．会计政策变更与会计估计变更辨析［J］．商业会计，2011，(18)．

［4］张燕．企业盈余管理分析：基于强制性会计政策变更［J］．现代经济信息，2012，(14)．

［5］张军．上市公司利用会计政策变更进行盈余管理的研究［J］．商业经济，2012，(15)．

［6］吴静．自愿性会计政策变更文献综述与研究展望［J］．会计之友，2012，(20)．

［7］袁荣京，罗映娜．会计政策变更累积影响数的分析与处理［J］．财会月刊，2012，(25)．

［8］刘世荣．会计政策变更的账务处理方法探讨［J］．产业与科技论坛，2013，(3)．

（本章编写者：徐雯婧　赵晨）

第二章

会计估计变更

主要知识点

概念	会计估计变更是指由于资产和负债的当前状况及预期经济利益和义务发生了变化，从而对资产或负债的账面价值或者资产的定期消耗金额进行调整
变更条件	1. 赖以进行估计的基础发生了变化 2. 取得了新的信息、积累了更多的经验
判断依据	根据会计确认、计量基础和列报项目所选择的，为取得与该项目有关的金额或数值所采用的处理方法，不是会计政策，而是会计估计，其相应的变更是会计估计变更
会计处理	均采用未来适用法 1. 会计估计变更仅影响变更当期的，其影响数应当在变更当期予以确认 2. 既影响变更当期又影响未来期间的，其影响数应当在变更当期和未来期间予以确认。会计估计变更的影响数应计入变更当期与前期相同的项目中 3. 企业应当正确划分会计政策变更和会计估计变更，并按不同的方法进行相关会计处理。企业通过判断会计政策变更和会计估计变更划分基础仍然难以对某项变更进行区分的，应当将其作为会计估计变更处理
披露	1. 会计估计变更的内容和原因，包括变更的内容、变更日期以及会计估计变更的原因 2. 会计估计变更对当期和未来期间的影响数，包括会计估计变更对当期和未来期间损益的影响金额，以及对其他各项目的影响金额 3. 会计估计变更的影响数不能确定的，披露这一事实和原因

一、总体执行情况

我们对2009—2011年存在会计估计变更的上市公司进行了简单统计，并从类型和金额两方面选取了具有代表性的上市公司作为研究对象。最后我们对2010年的85家存在会计估计变更的上市公司和2009年影响金额数较大的9家上市公司依据《企业会计准则第28号——会计政策、会计估计变更和差错更正》中有关会计估计变更的准则执行情况进行深入研究。

截至2010年4月30日披露的1 774家沪深两市上市公司2009年年报中，存在会计估计变更的公司有119家，占已发布年报公司家数的比例为6.71%，会计估计变更期末对净资产的影响数占1 774家上市公司2009年期末净资产合计数的-0.03%，对净利润的影响数占1 774家上市公司2009年期末净利润合计数的10.88%。截至2011年4月30日披露的2 129家沪深两市上市公司2010年年报中，存在会计估计变更的公司有85家，占已发布年报公司家数的比例为3.99%。截至2012年4月30日披露的2 341家沪深两市上市公司2011年年报中，存在会计估计变更的公司有101家，占已发布年报公司家数的比例为4.31%。2009—2011年存在会计估计变更的公司家数以及占比情况汇总见表2-1。

表2-1　2009—2011年存在会计估计变更的公司家数及占比情况汇总表

项目 / 年份	存在会计估计变更		不存在会计估计变更	
	公司数量（家）	所占比例	公司数量（家）	所占比例
2009	119	6.71%	1 655	93.29%
2010	85	3.99%	2 044	96.01%
2011	101	4.31%	2 240	95.69%

我们主要结合上市公司2009年、2010年年报资料，对会计估计变更内容及主要原因、会计估计变更的披露情况、会计估计变更对财务状况和经营成果的影响以及准则执行过程中存在的问题进行具体研究。（对于2011年，由于我们仅进行了数据的基本统计，没有具体分析，因而下面的内容不涉及2011年的会计估计变更具体情况）

（一）会计估计变更内容及主要原因

1. 2009年上市公司披露的会计估计变更的主要原因

2009年的1 774家上市公司中，有43家本年发生了与固定资产折旧有关的会计估计变更，占已披露年报公司数的2.43%。其中30家变更了折旧年限，6家同时变更了折旧年限及预计净残值率，3家变更了预计净残值，2家变更了会计估计方法（深圳能源由直线法变为产量法，凌钢股份由加速折旧法改为直线法），1家同时变更了折旧方法及预计净残值率，另有1家同时变更了折旧方法及折旧年限。

其中，2009年会计估计变更内容比较特殊的5家上市公司的情况见表2-2。

表 2-2　2009 年年报中会计估计变更内容比较特殊的 5 家上市公司

公司简称及公司代码	会计估计变更内容
双钱股份（600623）	模具等由存货、长期待摊费用重分类至固定资产
东方宾馆（000524）	预计未来应支付的退休人员、退职人员福利费用增加，从而增加预计负债 5 011 637.54 元
山航 B（200152）	随着近来市场条件、飞行员流动性等发生了变化，公司结合飞行员服务期限及辞职情况对受益年限进行复核，公司第四届董事会 2010 年第一次临时会议审议通过了《关于山航股份会计估计变更的议案》，决定自 2009 年 10 月 1 日起执行新的会计估计，将飞行员培训费摊销期限由 20 年变更为 10 年，此项会计估计变更使当期净利润减少 24 159 590.99 元
锡业股份（000960）	本公司原应付职工薪酬下的职工教育经费是按照企业所得税法规定的扣除比例上限 2.5%（以应付职工薪酬基本工资为基数）计提的，根据公司企业所得税汇算清缴情况以及结合公司的实际，自本年度起，公司不再按照 2.5%（以应付职工薪酬基本工资为基数）的比例计提职工教育经费，在国家相关制度规定范围内据实列支
御银股份（002177）	预计负债是企业按销售及融资租赁的 ATM 柜员机的数量计提的维护费，2009 年之前根据当时的市场情况预测每台每月计提 240 元的维护费，2009 年根据当年实际发生的维护费预测每台每月计提 200 元的维护费更合理，因此 2009 年预计维护费采用会计估计变更处理。2009 年新增的 ATM 柜员机每台每月计提维护费 200 元，调整 2009 年之前计提的柜员机维护费

2. 2010 年上市公司披露会计估计变更的主要原因

2010 年 85 家发生会计估计变更的公司中，其主要的变更内容包括：应收款项坏账准备计提方法或计提比例改变；对固定资产分类、折旧年限、预计净残值、年折旧率及预计净残值率进行调整；低值易耗品摊销方法变更等。

据 2010 年年报披露，2 129 家上市公司中，变更会计估计的有 85 家上市公司，占比为 3.99%。固定资产折旧变更和应收款项坏账准备计提是会计估计变更的主要内容。有 42 家上市公司存在固定资产折旧变更，占变更会计估计的上市公司家数的 49.42%，变更原因主要是为了更加准确地确定或因新情况重新确定固定资产折旧年限、预计净残值；有 37 家上市公司存在坏账准备计提变更，占变更会计估计的上市公司家数的 43.53%，主要是变更了坏账准备的计提比例和方式，值得关注。其中 5 家同时存在固定资产折旧变更和应收款项坏账准备计提变更，此外还有 4 家存在低值易耗品的摊销方法变更。2010 年 85 家上市公司的会计估计变更类型和具体变更内容见附录 1。

2010 年存在固定资产折旧和应收款项坏账准备计提会计估计变更的公司名单见表 2-3 和表 2-4。

表 2-3 2010 年存在固定资产折旧会计估计变更的公司名单

1	000404	华意压缩	15	000835	四川圣达	29	600530	交大昂立
2	000537	广宇发展	16	600006	东风汽车	30	600960	滨州活塞
3	000602	金马集团	17	002060	粤水电	31	000600	建投能源
4	002283	天润曲轴	18	002291	星期六	32	000423	东阿阿胶
5	600710	常林股份	19	002457	青龙管业	33	600480	凌云股份
6	000564	西安民生	20	600236	桂冠电力	34	600782	新钢股份
7	600276	恒瑞医药	21	000858	五粮液	35	300042	朗科科技
8	000736	ST 重实	22	601866	中海集运	36	000963	华东医药
9	600087	长航油运	23	000880	潍柴重机	37	000700	模塑科技
10	000606	青海明胶	24	000828	东莞控股	38	600308	华泰股份
11	002033	丽江旅游	25	000520	长航凤凰	39	002434	万里扬
12	600648	外高桥	26	002042	华孚色纺	40	000783	长江证券
13	601991	大唐发电	27	600875	东方电气	41	900956	东贝 B 股
14	300047	天源迪科	28	002382	蓝帆股份	42	200770	* ST 武锅 B

表 2-4 2010 年应收款项坏账准备计提会计估计变更的公司名单

1	600084	* ST 中葡	13	600993	马应龙	25	002369	卓翼科技
2	600552	方兴科技	14	600085	同仁堂	26	000423	东阿阿胶
3	600675	中华企业	15	000009	中国宝安	27	600999	招商证券
4	000564	西安民生	16	600806	昆明机床	28	000153	丰原药业
5	600139	西部资源	17	002262	恩华药业	29	002078	太阳纸业
6	002297	博云新材	18	002158	汉钟精机	30	000967	上风高科
7	000736	ST 重实	19	600583	海油工程	31	600810	神马股份
8	000606	青海明胶	20	000520	长航凤凰	32	600338	ST 珠峰
9	600826	兰生股份	21	600611	大众交通	33	002307	北新路桥
10	600728	ST 新太	22	000733	振华科技	34	600186	莲花味精
11	000862	银星能源	23	600297	美罗药业	35	600645	ST 中源
12	002151	北斗星通	24	600833	第一医药	36	600783	鲁信创投
						37	600087	长航油运

（二）会计估计变更的披露情况

由于2010年的85家上市公司披露的变更类型比较全面，具有一定的代表性，因此，以下我们仅对2010年的披露情况进行分类列示，同时限于篇幅，不再对2009年和2011年的披露情况进行赘述。下面我们按照上市公司不同板块（沪市主板、深市主板、中小板、创业板等）进行分类列示，由于固定资产折旧变更和应收款项坏账准备计提变更涉及的公司较多，因此，我们又将主板中仅存在以上两种变更的上市公司进行单独列示，具体披露情况见表2-5至表2-12。

表2-5　　**沪市主板仅进行固定资产折旧变更的公司披露情况**

序号	公司代码	公司简称	会计估计变更原因及内容
1	600006	东风汽车	公司为夯实经营业绩，提高产品整体竞争水平和盈利能力，在国家相关政策规定允许的情况下，调整固定资产的净残值率为0
2	600236	桂冠电力	将机器设备的折旧年限由5～18年调整为7～30年
3	600276	恒瑞医药	自2010年起，公司变更部分固定资产折旧年限，电子设备折旧年限由5年变更为3年，运输设备由5年变更为4年
4	600308	华泰股份	对公司2011年度部分新增固定资产折旧年限进行变更
5	600480	凌云股份	公司对部分固定资产使用寿命事项的估计基础发生了变化，将部分固定资产分类及折旧年限进行变更
6	600530	交大昂立	统一固定资产及投资性房地产折旧政策，商业用房折旧年限35年，工业用厂房折旧年限为40年，自2010年1月1日起执行
7	600648	外高桥	经公司董事会决议，公司自2010年1月1日起将部分固定资产的净残值率由10%调减为5%
8	600710	常林股份	本公司将办公设备的折旧年限由7年变更为5年，变更后将增加以后期间各月固定资产折旧约5万元。本公司实际将从2010年12月31日起执行新的会计估计
9	600782	新钢股份	自2010年1月1日起调整公司固定资产折旧年限
10	600875	东方电气	产量迅速增加，资产超负荷运转，磨损严重，使用寿命缩短。为加快资产更新换代，提升生产能力及核心竞争力，经东方锅炉股份公司第五届十八次董事会批准，本公司之控股子公司东方锅炉股份公司变更固定资产折旧年限
11	600960	滨州活塞	公司决定于2010年6月起对部分固定资产折旧年限做如下调整：特种合金生产性房屋由30年或35年调整为25年；特种合金传导设备由15年调整为10年。调整后的折旧年限能够更合理地反映公司固定资产的实际使用情况

续表

序号	公司代码	公司简称	会计估计变更原因及内容
12	601866	中海集运	从 2007 年 1 月 1 日起，本公司对集装箱运输船舶及集装箱的预计净残值进行了调整。由原来的预计净残值率 4% 调整为按预计处置时的废钢价乘以船舶轻吨数减去预计处置成本来确定船舶净残值。每个会计期末，本公司根据废钢价变动趋势对固定资产净残值进行复核调整。2009 年度本公司自有船舶的净残值计算标准为每轻吨 250 美元，集装箱资产的净残值计算标准为每轻吨 260 美元。经复核，自 2010 年 1 月 1 日本公司根据市场变化将自有船舶的净残值计算标准调整为每轻吨 370 美元，将集装箱资产的净残值计算标准调整为每轻吨 380 美元
13	601991	大唐发电	为了能够更加公允、恰当地反映本集团的财务状况和经营成果，使固定资产折旧年限与其实际使用寿命更加接近，本集团依照会计准则等相关会计及税务法规的规定，并结合本集团的实际情况，对固定资产的预计使用寿命、预计净残值进行了变更，本集团将固定资产预计净残值率由 0 ~ 3% 调整至 5%

固定资产折旧变更具体包括固定资产分类折旧年限、折旧方法、预计净残值变更等，由表 2-5 可以看出，沪市主板中仅进行了固定资产折旧变更的公司有 13 家，变更的原因涉及多方面，但变更固定资产折旧年限的占大多数。例如，东风汽车（60006）将固定资产的净残值率调整为 0，常林股份（600710）将办公设备的折旧年限由 7 年变成了 5 年等。

表 2-6　　**沪市主板仅进行坏账准备计提变更的公司披露情况**

序号	公司代码	公司简称	会计估计变更原因及内容
1	600084	*ST 中葡	合并范围内关联方不再计提往来款坏账准备，合并报表影响金额为 0
2	600085	同仁堂	变更了坏账准备计提的相关会计估计，调整了采用账龄分析法计提坏账准备的比例
3	600139	西部资源	坏账准备计提比例变更，影响应收账款、其他应收款、资产减值损失、递延所得税资产，对公司 2010 年利润总额没有影响
4	600186	莲花味精	自 2011 年 1 月 1 日起对公司 3 年以上应收款坏账计提比例予以调整

续表

序号	公司代码	公司简称	会计估计变更原因及内容
5	600297	美罗药业	参照同行业上市公司平均水平，结合公司实际情况，对应收款项按账龄组合确定计提的坏账准备比例
6	600338	ST 珠峰	应收款项坏账准备计提方法由余额百分比法改为账龄分析法
7	600552	方兴科技	从 2010 年 1 月 1 日起将应收款项计提坏账准备的比例进行变更
8	600583	海油工程	本集团应收款项中按账龄风险组合计提坏账准备的比例由 1 年以内 5%、1～2 年 10%、2～3 年 30%、3～5 年 50%、5 年以上 100%，变更为 1 年以内不计提、1～2 年 30%，2～3 年 60%、3 年以上 100%
9	600611	大众交通	根据应收款项的特定性质及特定对象确定为类似信用风险特征组合，变更坏账准备的计提方法
10	600645	ST 中源	为了进一步加强公司对应收款项计提坏账准备的谨慎性和科学性，公司将账龄在 3 年以上的应收款项和预付款项计提坏账准备的比例由 30% 调整为：账龄 3～4 年计提 30%；账龄 4～5年计提 60%；账龄在 5 年以上计提 100%
11	600675	中华企业	应收款项坏账准备计提比例由原来的余额百分比法调整为账龄分析法，账龄分析法比余额百分比法更合理、更谨慎
12	600728	ST 新太	根据公司业务发展变化情况，自 2010 年起，将账龄在 1 年以内的应收账款坏账计提比例由 5% 变更为“账龄 6 个月内不计提，账龄 7 个月到 1 年的按 5% 计提”
13	600783	鲁信创投	对应收款项坏账准备的计提方法作出调整：对单项金额重大的应收款项，单独进行减值测试，有客观证据表明其发生了减值的，根据其未来现金流量现值低于其账面价值的差额，确认减值损失，计提坏账准备；对单项金额不重大以及单项测试未发生减值的应收款项，其坏账准备的计提方法由“余额百分比法”变更为“账龄分析法”
14	600806	昆明机床	过去 4 年历史数据表明，原有应收账款坏账准备计提比率明显高于实际可能发生坏账的概率，应收账款坏账计提比率自 2010 年 6 月 30 日变更，并采用未来适用法处理
15	600810	神马股份	由于“应收平顶山市财政局 1997 至 1999 年度的所得税返还款”账龄较长，平顶山财政局还款时间不明朗，根据谨慎性原则，公司决定对该笔应收款项计提坏账准备的方法由单项金额重大并单项计提改为账龄分析法

续表

序号	公司代码	公司简称	会计估计变更原因及内容
16	600826	兰生股份	公司自 2010 年 1 月 1 日起对应收款项账龄组合计提坏账准备的比例进行了调整
17	600993	马应龙	2010 年 8 月 14 日，公司董事会鉴于新医改推进和国家宏观调控政策影响，并结合自身医药商业板块和下游商业实际情况，对应收款项按账龄分析法计提坏账的比例进行了调整，根据规定此项变更属于会计估计变更，采用未来适用法进行会计处理

由表 2-6 可以看出，沪市主板中有 17 家上市公司仅进行了应收款项坏账准备变更，包括坏账准备计提方法变更、计提比例变更等。例如，莲花味精（600186）对公司 3 年以上应收款项坏账计提比例予以调整，ST 珠峰（600383）对应收款项坏账准备计提方法由余额百分比法改为账龄分析法等。

表 2-7　　**沪市主板存在多种或其他会计估计变更的公司披露情况**

序号	公司代码	公司简称	会计估计变更原因及内容
1	600087	长航油运	1. 固定资产预计使用年限及净残值率的变更 （1）固定资产预计使用年限的变更 （2）船舶类资产净残值率的变更 2. 应收款项坏账计提账龄区间、计提比例的变更 （1）账龄区间的变更 （2）计提比例的变更
2	600104	上海汽车	1. 无形资产摊销年限变更 2010 年，考虑到汽车市场竞争的加剧和消费者追求新异的偏好导致汽车企业平台产出周期呈缩短趋势，公司对平台的摊销年限由 10 年变更为 5 年 2. Rover 技术使用费确认相关的销量估计变更 2010 年，因公司调整了相关车型平台规划，重新估计的销量较原预计销量发生变化，导致公司 2010 年实际确认 Rover 技术使用费有所增加
3	600188	兖州煤业	本公司于 2010 年 1 月 1 日起，下属各煤矿采矿权价款的摊销方法由直线法改为产量法
4	600418	江淮汽车	自 2010 年 1 月 1 日起，公司将自行开发形成的无形资产使用年限由原来的 10 年调整为：乘用车整车产品 4～5 年（中级车 4 年，经济型车 5 年）；商用车整车产品 7 年；发动机、变速箱关键汽车零部件产品 8 年，其他汽车零部件产品 3 年

续表

序号	公司代码	公司简称	会计估计变更原因及内容
5	600525	长园集团	对本公司所持在证券交易所 IPO 的公司的股份作为可供出售金融资产核算，并将公允价值改为资产负债表日前最近一个交易日的收盘价
6	600548	深高速	自 2010 年 1 月 1 日起，本集团根据调整后的未来经营期预测总交通流量，按照未来适用法对四条高速公路特许经营无形资产单位摊销额进行调整
7	600833	第一医药	应收款项坏账计提比例变更；低值易耗品摊销方法变更
8	600841	上柴股份	2010 年 12 月 31 日，公司对不同市场、不同系列柴油机，参考当年实际发生的费用对应各自的质保期分别测算未来产品质保期内公司应承担的产品质保及保养费，计入公司当年损益
9	600999	招商证券	公司对应收账款坏账准备的计提方法以及可供出售金融资产减值准备的计提方法进行了变更

由表 2-7 可以看出，沪市主板中存在多种变更或其他变更的公司有 9 家，其中存在多种变更是指同时存在固定资产折旧变更和坏账准备计提变更等。例如，长航油运（600087）既有固定资产折旧变更（使用年限和净残值率变更），同时又有坏账准备计提变更（账龄区间和计提比例变更）。

表 2-8　　**深市主板仅进行固定资产折旧变更的公司披露情况**

序号	公司代码	公司简称	会计估计变更原因及内容
1	000404	华意压缩	基于稳健经营的原则，根据国家有关政策规定和公司实际情况，加西贝拉自 2010 年 1 月开始调整部分设备折旧年限。专用设备的折旧年限由原来的 15 年变更为 10 年，运输设备的折旧年限由原来的 8 年变更为 4 年，电子设备的折旧年限由原来的 5 年变更为 3 年
2	000537	广宇发展	本集团为了能够更加公允、恰当地反映本公司的财务状况和经营成果，使固定资产及投资性房地产折旧年限与其实际使用寿命更加接近，自 2010 年 1 月 1 日起对固定资产分类、固定资产及投资性房地产折旧年限进行变更，本次会计估计变更采用未来适用法进行会计处理

续表

序号	公司代码	公司简称	会计估计变更原因及内容
3	000600	建投能源	参照同行业机组运行年限，国泰公司将固定资产类别中的发电及供热设备的折旧年限由 16 年修正为 20 年，修正后的折旧年限自 2010 年 7 月 1 日执行
4	000602	金马集团	为了能够更加公允、恰当地反映财务状况和经营成果，使固定资产折旧年限与其实际使用寿命更加接近，本公司决定自 2010 年 1 月 1 日起对固定资产分类、折旧年限、预计净残值率进行变更
5	000700	模塑科技	公司结合实际使用情况以及对该专用设备的技术、自然使用寿命的评估，为更准确地反映公司固定资产中专用设备的折旧情况，将公司固定资产中专用设备折旧年限由 10 年变更为 15 年
6	000783	长江证券	自 2010 年 1 月 1 日起对固定资产的分类、折旧年限和预计净残值进行了变更
7	000828	东莞控股	2010 年 9 月对采用工作量法计提折旧的高速公路资产，根据实际车流量重新预测剩余收费期的车流量，并调整以后年度每标准车流量应计提的折旧额。公司于 2010 年 10 月 1 日起对高速公路资产折旧进行会计估计变更
8	000858	五粮液	因北京市地铁 7 号线的修建将严重影响其经营，拟于 2011 年起暂停营业 3 年，故本年度将装修改造工程的折旧年限由 10 年调整至 5 年
9	000880	潍柴重机	对部分生产用机械设备由于技术进步、产品更新换代频繁以及常年处于强震动状态的原因进行加速折旧。折旧方法由平均年限法变更为双倍余额递减法
10	000963	华东医药	本公司子公司杭州中美华东制药有限公司原对固定资产残值率按 10% 核算，为更谨慎核算固定资产价值，自 2010 年 1 月 1 日起，改按 5% 核算

从表 2-8 可以看出，深市主板中仅进行固定资产折旧变更的上市公司有 10 家，包括净残值比例、折旧年限的变更等。例如，华东医药（000963）将固定资产残值率由 10% 变更为 5%，金马集团（000602）同时对固定资产分类、折旧年限、预计净残值率进行了变更。

表 2-9 深市主板仅进行坏账准备计提变更的公司披露情况

序号	公司代码	公司简称	会计估计变更原因及内容
1	000009	中国宝安	2010 年 8 月 14 日，本公司之子公司马应龙药业集团股份有限公司董事会鉴于新医改推进和国家宏观调控政策影响，并结合自身医药商业板块和下游商业实际情况，对应收款项按账龄分析法计提坏账的比例进行了调整。根据规定此项变更属于会计估计变更，采用未来适用法进行会计处理。 2010 年 6 月 28 日，本公司之子公司深圳市贝特瑞新能源材料股份有限公司由以往根据公司董事会认为不能收回的应收款项金额计提坏账准备，改为按单项金额是否重大及风险组合认定计提坏账准备，采用未来适用法进行会计处理
2	000153	丰原药业	随着公司规模的扩大及经营业务的不断发展，为了有效抵御和防范市场变化给公司生产经营带来的风险，增强自身的抗风险能力，更加真实、完整地反映公司的财务状况、经营成果，公司依照《企业会计准则》的相关规定，结合目前的经营环境及市场状况，在借鉴行业内大多数公司采用的坏账准备计提政策的基础上，本着谨慎性原则，变更应收款项坏账准备的计提比例
3	000733	振华科技	2010 年 12 月对应收款项计提坏账准备的比例进行了修改
4	000967	上风高科	公司自 2010 年 1 月 1 日起对应收款项坏账准备计提的会计估计进行变更，公司对按相同账龄的应收款项具有类似信用风险特征的坏账准备计提方法予以变更

由表 2-9 可以看出，深市主板中仅进行坏账准备计提变更的上市公司仅 4 家，分别变更了坏账准备计提比例、计提方法等。

表 2-10 深市主板存在多种或其他会计估计变更的公司披露情况

序号	公司代码	公司简称	会计估计变更原因及内容
1	000862	银星能源	(1) 为了更真实地反映本公司的生产成本，有效加强模具管理，自 2010 年 1 月 1 日起采用“五五摊销法”结转模具成本。 (2) 为了更准确地反映公司应收款项的可收回价值，自 2010 年 1 月 1 日起对应收账款和其他应收款按账龄划分组合的坏账准备计提比例进行变更

续表

序号	公司代码	公司简称	会计估计变更原因及内容
2	000561	烽火电子	本次会计估计变更是公司进行重大资产重组所致，根据财政部《关于做好执行会计准则企业 2008 年年报工作的通知》（财会函［2008］60 号）和《企业会计准则讲解（2008）》，本公司合并财务报表参照反向购买原则编制，合并财务报表的比较信息是烽火集团投入的相关资产、负债 2009 年度相关期间模拟合并财务报表信息。所以本次会计估计变更不会对公司合并报告净利润、所有者权益产生影响
3	000778	新兴铸管	由于安全生产费的计提数远远超过实际列支数，因此形成很大的余额，同时随着收入逐年扩大，再按收入计提安全生产费用偏高。在本年度中不再按照收入的 1% 计提安全生产费用，在安全生产费实际发生时，先冲减专项储备余额，待余额冲减至零，则在发生时直接计入管理费用或确认为固定资产
4	000958	* ST 东热	本公司将热电四厂、热电一厂、热电二厂、开发区热电收取的一次性热力入网费摊销期限变更为：摊余金额一次性转入收入
5	000889	渤海物流	公司第五届董事会 2010 年第二次会议决定：自 2010 年 4 月 1 日起，公司低值易耗品摊销办法由“五五摊销法”变更为“一次摊销法”。本次变更符合会计准则规定，是公司自主变更行为，对公司最近两年及当期的净利润、所有者权益等财务指标影响比较小，不改变业绩的盈亏性质，属于会计估计变更并且采用未来适用法
6	000923	河北宣工	本公司根据经理办公会（宣工字〔2010〕14 号）决议，将低值易耗品一次摊销的核算办法变更为：领用时按 90% 摊销。该项会计估计 2010 年 1 月 1 日起执行
7	000423	东阿阿胶	本公司自 2010 年 1 月 1 日起变更应收账款、其他应收款等坏账准备计提标准。变更固定资产折旧计提标准和折旧方法
8	000520	长航凤凰	1. 固定资产预计使用年限及残值率的变更 （1）固定资产预计使用年限的变更 （2）船舶类资产净残值的变更 2. 坏账准备估计变更 （1）账龄区间的变更 （2）计提比例的变更

续表

序号	公司代码	公司简称	会计估计变更原因及内容
9	000564	西安民生	本报告期，为保持与本公司会计政策及估计的一致性，宝鸡商业自2010年1月起，固定资产残值率由4%变为3%，电子设备折旧年限由15年变为5年，应收款项坏账计提比例变动如下：账龄1~2年，变更为10%；账龄2~3年，由10%变更为30%；账龄3~4年，由30%变更为50%；账龄3~4年，由30%变更为50%；账龄5年以上，由60%变更为100%
10	000606	青海明胶	2010年4月19日，本公司第五届二次董事会审议通过了《关于公司会计估计变更议案》，相应进行会计估计变更。根据《企业会计准则》的相关规定，上述会计估计变更从2010年1月1日开始执行，适用未来适用法进行会计处理
11	000736	ST重实	根据公司实际情况，对坏账准备计提标准、固定资产及投资性房地产的使用寿命和预计净残值率进行了相应的调整。其中坏账的逾期账龄变更为0~6个月、7~12个月、1~2年、2~3年及3年以上，坏账计提比例分别为0%、5%、30%、50%及100%。涉及会计估计变更的固定资产类型为房屋及建筑物、机器设备、运输设备及办公设备，预计的残值率由3%~5%变更为0，变更后的使用寿命为20~30年（其中钢结构房屋、钢筋混凝土结构房屋为30年，其他房屋设备为20年）、5年和3~5年
12	000835	四川圣达	1. 攀枝花市圣达焦化有限公司的化厂设备及其相关资产（车辆除外）折旧年限的会计估计变更事项。 2. 华坪县圣达煤业工贸有限公司的固定资产折旧和无形资产摊销年限的会计估计变更事项

由表2-10可以看到，深市主板中存在多种变更或其他变更的公司有12家，其中存在多种变更是指同时存在固定资产折旧和坏账准备计提变更或其他。例如，东阿阿胶（000423）同时存在固定资产折旧变更和坏账准备计提变更。其他变更类型是指除这两类之外的其他变更，例如，河北宣工（000923）将低值易耗品的核算方法改为按照90%领用，*ST东热（000958）将一次性热力入网费摊销期限变更为“摊余金额一次性转入收入”。

表 2-11　　深市中小板公司会计估计变更的披露情况

序号	公司代码	公司简称	会计估计变更原因及内容
1	002033	丽江旅游	为了更加公允地反映本公司固定资产使用状况，便于财务核算统一和符合相关税收政策规定，本公司本期根据实际情况进行会计估计变更，经本公司 2010 年 3 月 10 日召开的第三届董事会第二十二次会议审议通过，本公司及各子公司对固定资产的预计净残值率统一变更为 5%，并据此计提固定资产折旧
2	002042	华孚色纺	为使固定资产折旧年限及残值率更能准确反映本公司资产的使用情况，将“固定资产残值率及使用年限”会计估计予以变更
3	002060	粤水电	盾构施工设备折旧计提方法由平均年限法变更为工作量法，主要原因为：盾构施工设备的使用寿命按主要部件的完成工作量来设计，与施工掘进量有直接关系，经济可掘进里程一般为 12 公里左右，实际施工过程中的设备消耗与按年限平均摊销的折旧不匹配；另外盾构施工设备是城市、城际轨道交通地下隧道工程施工的特种专有设备，每年完成的工程量不均衡
4	002078	太阳纸业	为了有效抵御和防范因市场变化给公司生产经营带来的风险，增强自身的抗风险能力，更加真实、完整地反映公司的财务状况、经营成果，本着谨慎经营、有效防范化解资产损失风险的原则，经公司董事会批准决定对应收款项按账龄分析法计提坏账准备的比例进行变更
5	002151	北斗星通	随着本公司业务向自主知识产权的产品与服务的深度转型和创新能力提升，本公司应收款项质量不断提升。本公司对近年应收款项的实际回收情况进行分析，并与同行业上市公司坏账准备计提比例进行了比较。自 2010 年 9 月 1 日起，本公司重新划分应收款项账龄区间，并变更了坏账准备的计提比例
6	002158	汉钟精机	由于本公司增加新产品，为了有效抵御和防范因市场变化给公司生产经营带来的风险，增强自身的抗风险能力，更加真实、完整地反映公司的财务状况、经营成果，决定按照产品重新分类变更坏账准备会计估计

续表

序号	公司代码	公司简称	会计估计变更原因及内容
7	002262	恩华药业	公司 2010 年 4 月根据第一届董事会第二十五次会议决议，变更商业公司 6 个月内的应收账款坏账计提比例，由原 5% 变更为 0.5%。本次会计估计变更采用未来适用法进行会计处理
8	002283	天润曲轴	本次变更经文登恒润锻造有限公司董事会审议通过，文登恒润锻造有限公司固定资产的残值率原为 10%，自 2010 年 1 月 1 日起，改为 5%
9	002291	星期六	将本公司交通运输设备折旧年限由原来的 10 年调整至 5 年
10	002297	博云新材	将单项金额重大应收款项标准从年末金额 100 万元以上（含 100 万元）变更为 500 万元以上（含 500 万元），上述会计估计变更适用未来适用法
11	002307	北新路桥	公司对 3 个月内的工程投标保证金涉及的其他应收款、与控股子公司之间的往来不计提坏账准备
12	002369	卓翼科技	根据经营环境及市场状况的变化，并经本公司第二届第二次董事会决议，坏账准备的提取比例由原来的：1 年以内 5%、1~2 年 10%、2~3 年 20%、3~4 年 50%、4 年以上 100%，变更为：6 个月以内 1%、6 个月到 12 个月 1.5%、1~2 年 10%、2~3 年 30%、3~4 年 80%、4 年以上 100%
13	002382	蓝帆股份	本公司对固定资产的使用寿命、预计净残值和折旧方法进行了复核，鉴于公司募集资金投资项目在建设过程中大量使用了新材料、新工艺、新技术，固定资产的当前状况及预期经济利益和义务发生了变化，为了能够提供更可靠、更相关的会计信息，有必要对公司固定资产的定期消耗情况进行更可靠的估计
14	002434	万里扬	本公司固定资产估计残值率由原来的 10% 变更为 5%
15	002457	青龙管业	按照新设子公司的建设规划，将子公司阜康青龙房屋建筑物固定资产的折旧年限由原来的预计使用年限 20 年变更为未来可使用年限 3 年

由表 2-11 可以看出，深市中小板中有 15 家上市公司进行了会计估计变更，由于此板块包含的公司家数较少，因此不再按会计估计变更类型进行分类列示。在这 15 家公司中，变更情况包括固定资产折旧变更、坏账准备计提变更及其他。例如，卓翼科技（002369）将坏账准备计提比例进行了变更，汉钟精机（002158）则按照产品重新分类进行坏账准备会计估计变更。

表 2-12　　B 股和创业板公司会计估计变更的披露情况

序号	公司代码	公司简称	会计估计变更原因及内容
1	200770	*ST 武锅 B	变更固定资产的残值率为 3% ~0
2	300042	朗科科技	公司对固定资产-房屋建筑物的折旧年限由 20 年变更为 40 年
3	300047	天源迪科	固定资产-房屋建筑物折旧年限变更，经董事会、监事会会议审议，独立董事发表专项意见，本公司 2010 年度变更了固定资产房屋建筑物折旧年限，具体变更内容如下：房屋建筑物折旧年限由原来的 20 年变更为 20-50 年，2010 年度公司原有房屋建筑物仍按 20 年计提折旧，2010 年度新增的房屋建筑物按 40 年计提折旧，残值率按 5% 不变
4	300119	瑞普生物	无形资产-专有技术-鸡新城疫禽流感二联灭活疫苗于 2010 年 7 月起变更摊销年限，原摊销期为 10 年，现变更为 5 年
5	900956	东贝 B 股	本期对固定资产折旧年限进行了变更

由表 2-12 可以看出，B 股和创业板上市公司共有 5 家披露了会计估计变更的情况，变更内容包括固定资产残值率、折旧年限变更以及无形资产摊销年限变更。

通过以上各表格我们可以了解到，2010 年会计估计变更的内容有固定资产折旧变更（折旧年限、净残值率、固定资产分类变更等）、坏账准备计提变更（计提方法、计提比例、坏账区间变更等）及其他（无形资产摊销年限变更、低值易耗品核算方法变更等）。大多数公司的变更是由于原估计不能更好地体现公司的财务状况、经营成果等，变更后更能体现真实性、谨慎性等。当然，仅仅凭借附注中的披露情况我们还不能正确评价会计估计变更的合理性，因此，当遇到金额影响重大以及性质特殊的变更时，应当充分了解公司近几年的财务状况及其他各方面的大事记，综合评价其变更的合理性以及变更的影响，全面解读各上市公司的年度财务报告。

（三）会计估计变更对财务状况和经营成果的影响

下面，我们主要结合上市公司 2009 年、2010 年年报资料，对 2009 年和 2010 年会计估计变更对财务状况和经营成果的影响从不同角度进行分析。

1. 会计估计变更对 2009 年财务状况和经营成果的影响分析

会计估计变更对 2009 年期末净资产的影响金额为-265 759 047. 25 元，占所有发生会计估计变更的公司 2009 年年末净资产合计的-0. 04%；对 2009 年净利润的影响金额为 6 290 010 651. 73 元，占所有发生会计估计变更的公司 2009 年净利润合计的 10. 88%。

表2-13和表2-14分别列示了比重最大的5家公司和对净利润影响金额最大的5家公司。

表2-13 **会计估计变更对2009年净利润影响比重最大的5家公司的情况** 金额单位：元

公司代码	公司简称	对2009年净利润影响金额	2009年净利润总额	占净利润比重
600821	津劝业	-68 089 748.78	3 424 777.42	-1 988.15%
000767	漳泽电力	95 497 725.00	15 621 915.98	611.31%
600812	华北制药	-534 151 913.98	-395 922 820.91	134.91%
600790	轻纺城	-34 300 772.06	48 791 451.35	-70.30%
600774	汉商集团	3 510 678.50	5 307 814.05	66.14%

表2-14 **会计估计变更对2009年净利润影响金额最大的5家公司的情况** 金额单位：元

公司代码	公司简称	对2009年净利润影响金额	2009年净利润总额	占净利润比重
601628	中国人寿	6 063 750 000.00	33 036 000 000	18.35%
600812	华北制药	-534 151 913.98	-395 922 820.91	134.91%
000761	本钢板材	-407 891 671.27	-1 545 191 032.37	26.40%
600019	宝钢股份	322 999 128.89	6 095 201 718.08	5.30%
601919	中国远洋	289 590 092.74	-6 737 130 612.25	-4.30%

因为会计估计变更会对上市公司的净利润的增减变动产生影响，且2009年，会计估计变更对上述9家上市公司的净利润有显著影响（比重和金额两方面），接下来，我们来具体了解一下以上9家上市公司的会计估计变更的具体内容，请读者思考一下会计估计变更是如何影响企业净利润的。

（1）津劝业（600821）：根据公司六届九次董事会决议，报告期内本公司对应收款项坏账计提政策由余额百分比法改为账龄分析法，原比例为按照应收款项期末余额5%计提，变更后计提比例见表2-15。

表2-15 **津劝业坏账计提方法以及比例变更**

应收账款账龄	计提方法以及比例
1年以内	不计提坏账准备
1~2年	按期末余额的5%计提
2~3年	按期末余额的10%计提
3~4年	按期末余额的30%计提
4~5年	按期末余额的70%计提
5年以上	按期末余额的100%计提

上述变更的累积影响数为-68 089 748.78 元，影响报告期归属于母公司净利润为-68 089 748.78 元。

（2）漳泽电力（000767）：根据《企业会计准则第 28 号——会计政策、会计估计变更和会计差错更正》的相关规定，经公司五届十九次董事会决议通过，本公司本年度：①将发电及供热设备的预计使用寿命由 16 年变更为 20 年；②将预计净残值率由原来的固定资产原值的 0～3%统一变更为 5%。会计估计变更应采用未来适用法进行相应的会计处理。本次会计估计变更从 2009 年 1 月 1 日开始，本次会计估计变更对 2009 年度的财务报表产生影响，对以前年度财务报表没有影响。本次会计估计变更影响公司 2009 年度利润总额增加 12 733.03 万元。

（3）华北制药（600812）：为了更合理地估计风险，体现会计谨慎性原则，提供更可靠、更相关的会计信息以及更公允、恰当地反映公司的资产质量和财务状况，对公司计提坏账准备的会计估计进行变更。公司经第七届董事会第三次会议，2009 年第四次临时股东大会决议审议通过了《关于公司会计估计变更的议案》，从 2009 年 7 月 1 日起本公司对会计估计进行了调整。此项会计估计变更对于合并净利润的影响额为-534 151 913.98 元，影响归属于母公司的净利润为-523 039 489.80元，对少数股东权益的影响额为-11 112 424.18 元。

（4）轻纺城（600790）：本公司原对应收款项坏账准备采用余额百分比法计提，自 2009 年 10 月 1 日起，改按账龄分析法计提。此项变更采用未来适用法。此项会计估计变更对于合并净利润的影响额为-34 300 772.06 元，影响归属于母公司的净利润为 - 18 194 586.61 元，对少数股东权益的影响额为-16 106 185.45元。

（5）汉商集团（600774）：根据会展中心展馆建设结构和使用效能的特点，公司召开董事会，会议决定自 2009 年 1 月 1 日起将会展中心主楼折旧年限由 45 年变更为 60 年。该项估计变更对于管理费用的影响数为 -4 680 904.67 元。

（6）中国人寿（601628）：公司以资产负债表日可获取的当前信息为基础确定包括折现率、死亡率和发病率、费用假设、退保率、保单红利假设等精算假设，用以计量资产负债表日的各项保险合同准备金。本公司 2009 年 12 月 31 日根据当前信息重新厘定上述有关假设，上述假设的变更所形成的相关保险合同准备金的变动计入本年度利润表。此项会计估计变更减少 2009 年 12 月 31 日寿险责任准备金人民币 802 000 万元、长期健康险责任准备金人民币 6 500 万元，增加税前利润合计人民币 808 500 万元。

（7）本钢板材（000761）：经公司董事会批准，公司决定从 2009 年 7 月 1 日起取消执行根据财政部、国家税务总局《关于落实振兴东北老工业基地企业所得税优惠政策的通知》（财税［2004］153 号）制定的缩短固定资产折旧年限的加速计提折旧方法，对原缩短折旧年限的固定资产恢复使用加速前的折旧年限。此项变更对于净利润的影响为-407 891 671.27 元，占利润总额的比重为 26.40%。

（8）宝钢股份（600019）：公司根据对固定资产实际状况的检查，对部分用于不锈钢产品生产的机器设备的使用年限进行调整，使用年限由变更前的 9 至 15 年调整为变更后的 15 年。本公司对会计估计变更的核算采用未来适用法，2009 年度变更前的固定资产折旧费用为人民币 135.52 亿元，变更后的固定资产折旧费用为人民币 130.62 亿元，该项会计估计变更使得本年度利润总额增加人民币 4.90 亿元；本年度归属于母公司股东的净利润增加人民币 3.23 亿元。

（9）中国远洋（601919）：本集团从事远洋运输的干散货船舶折旧年限原为 15 年，根据船舶使用情况、参考同行业公司做法，经本公司董事会批准，将远洋运输干散货船舶折旧年限由 15 年变更为 20 年。上述会计估计变更采用未来适用法从 2009 年 7 月 1 日起执行，上述变更减少本集团 2009 年折旧费用 89 590 092.74元，相应增加本集团 2009 年度利润总额。

上面我们分析了 2009 年会计估计变更对净利润影响比重最大的 5 家公司和对净利润影响金额最大的 5 家公司。接下来，由于固定资产折旧更正是会计估计变更的主要内容，从披露情况看，43 家上市公司均较详细地披露了变更固定资产折旧的内容、原因及依据，都是从本公司的实际情况以及所处经济环境的变动角度出发，能够更加真实地反映固定资产为企业带来未来经济利益的情况。说明上市公司在准则执行过程中，基本能够正确地应用会计估计变更，能够完整地披露准则要求披露的内容。其中对固定资产折旧变更对当期财务状况和经营成果影响披露最为完整的有 11 家，见表 2-16。

表 2-16 **完整披露固定资产折旧变更对当期财务状况和经营成果影响的公司**

金额单位：元

序号	公司代码	公司简称	对净资产影响金额	对净利润影响金额	占利润总额比
1	000690	宝新能源	-49 247 536.00	-34 473 275.39	-4.85%
2	600578	京能热电	-2 966.87	2 225.15	0
3	000919	金陵药业	-70 582.50	-70 582.50	-0.02%
4	600415	小商品城	9 777 024.98	9 777 024.98	0.78%
5	600774	汉商集团	4 680 904.67	-4 680 904.67	-49.89%
6	300025	华星创业	-103 748.25	88 186.01	0.29%
7	600997	开滦股份	-60 853 728.00	-45 640 295.71	-3.88%
8	600019	宝钢股份	51 372 685.70	322 999 128.89	4.43%
9	000027	深圳能源	-17 780 000.00	-17 780 000.00	-0.63%
10	601111	中国国航	8 177 000.00	-2 376 000.00	-0.04%
11	000761	本钢板材	407 891 671.27	407 891 671.27	-30.79%

但是与此同时，43 家上市公司中有 8 家未披露会计估计变更的影响金额，有 22 家仅披露会计估计变更对当期经营成果的影响，有 2 家（新海宜和株冶集团）仅披露会计估计变更对当期财务状况的影响。

2. 会计估计变更对 2010 年财务状况和经营成果的影响分析

2010 年存在会计估计变更的公司有 85 家，其中有 84 家披露了会计估计变更对净利润或利润总额的影响，有 1 家（银星能源）未披露会计估计变更对利润的影响金额。在披露了会计估计变更影响数的 84 家上市公司中，有 28 家上市公司的会计估计变更对利润的影响方向为正（即增加了利润），有 50 家上市公司的会计估计变更对利润的影响方向为负（即减少了利润），有 6 家上市公司的会计估计变更对利润影响为零。详细数据及比例见表 2-17。

表 2-17 2010 年上市公司的会计估计变更对利润的影响方向统计表

	公司家数（家）	占比
影响为正	28	33.33%
影响为负	50	59.52%
影响为零	6	7.15%
合计	84	100%

由于各公司对于会计估计变更影响数的披露口径不同，即部分公司披露的是对净利润的影响额，部分上市公司披露的是对利润总额的影响，因此，根据各公司的披露情况，我们将各上市公司的会计估计变更影响数分为对净利润、对利润总额影响数两类进行汇总。需要说明的是，下述表格中的“调整前净利润总额”、“调整前利润总额”分别为净利润总额减去会计估计变更对净利润的影响数、利润总额减去会计估计变更对利润总额的影响数。

接下来，我们对会计估计变更对净利润影响为正、影响为负、影响为零，对利润总额影响为正、影响为负进行分类整理。

（1）会计估计变更对净利润影响为正

会计估计变更对净利润影响为正的影响数和占比，见表 2-18。

由表 2-18 可以看出，在会计估计变更增加净利润的 13 家上市公司中，就会计估计变更影响数占调整前净利润的比例来说，排在前两位的是长航油运（600087）和长航凤凰（000520），二者的会计估计变更增加净利润数额分别为 159 379 660.00 元和 44 789 085.04 元，所占比重分别为 165.69% 和 136.51%。就影响的绝对额来说，排在前 4 位的分别是长航油运（600087）、桂冠电力（600236）、长航凤凰（000520）和昆明机床（600806）。他们的会计估计变更导

表 2-18　**会计估计变更对净利润影响为正的影响数和占比**　金额单位：元

序号	公司代码	公司名称	净利润影响数	调整前净利润	占比
1	600087	长航油运	159 379 660.00	-96 193 380.06	-165.69%
2	000520	长航凤凰	44 789 085.04	-32 809 868.91	-136.51%
3	600806	昆明机床	35 576 775.03	137 886 546.45	25.80%
4	000600	建投能源	7 261 007.34	30 060 664.38	24.15%
5	002151	北斗星通	4 460 454.12	36 503 500.09	12.22%
6	002307	北新路桥	5 907 421.50	54 994 553.37	10.74%
7	600236	桂冠电力	86 244 577.70	819 774 358.74	10.52%
8	002262	恩华药业	3 635 580.82	71 476 036.14	5.09%
9	002060	粤水电	1 140 549.02	90 200 202.77	1.26%
10	300047	天源迪科	643 912.09	63 761 417.64	1.01%
11	600648	外高桥	4 661 670.81	722 794 444.16	0.64%
12	600188	兖州煤业	14 210 000.00	12 099 623 854.00	0.12%
13	000423	东阿阿胶	233 521.08	593 885 551.16	0.04%

致净利润增加的数额依次为 159 379 660.00 元、86 244 577.70 元、44 789 085.04元和35 576 775.03 元。另外可以看出，虽然长航油运（600087）和长航凤凰（000520）两家公司的调整前净利润为负，但由于会计估计变更对净利润的影响额占调整前净利润总额的绝对值大于100%，因此，调整后净利润为正，即长航油运（600087）和长航凤凰（000520）两家公司由于会计估计变更由亏转盈，这种现象值得关注。

（2）会计估计变更对净利润影响为负

会计估计变更对净利润影响为负的影响数和占比见表 2-19。

表 2-19　**会计估计变更对净利润影响为负的影响数和占比**　金额单位：元

序号	公司代码	公司名称	净利润影响数	调整前净利润	占比
1	600297	美罗药业	-26 060 197.09	40 148 188.09	-64.91%
2	600841	上柴股份	-61 747 868.63	162 320 835.47	-38.04%
3	000835	四川圣达	-7 947 892.47	26 823 732.28	-29.63%
4	000606	青海明胶	-1 259 627.95	6 446 309.56	-19.54%
5	600645	ST 中源	-6 247 322.72	33 842 693.85	-18.46%
6	600783	鲁信创投	-78 186 100.00	514 056 110.57	-15.21%

续表

序号	公司代码	公司名称	净利润影响数	调整前净利润	占比
7	200770	*ST 武锅 B	-1 020 604.36	9 258 650.92	-11.02%
8	900956	东贝 B 股	-14 328 443.20	166 642 361.52	-8.60%
9	000880	潍柴重机	-15 418 966.51	233 183 034.89	-6.61%
10	000564	西安民生	-3 007 321.18	62 396 016.25	-4.82%
11	600548	深高速	-22 996 935.79	733 069 033.05	-3.14%
12	600085	同仁堂	-14 169 137.95	485 262 254.16	-2.92%
13	600833	第一医药	-905 667.43	31 230 084.75	-2.90%
14	002033	丽江旅游	-601 361.30	20 992 612.05	-2.86%
15	600418	江淮汽车	-31 141 608.16	1 207 516 957.99	-2.58%
16	600104	上海汽车	-543 609 000.00	23 376 382 719.61	-2.33%
17	002078	太阳纸业	-14 145 628.68	766 657 583.97	-1.85%
18	002042	华孚色纺	-6 414 644.46	382 341 879.72	-1.68%
19	600993	马应龙	-1 946 400.00	121 711 091.67	-1.60%
20	000537	广宇发展	-2 013 618.44	172 414 914.60	-1.17%
21	000889	渤海物流	-340 530.22	30 926 083.95	-1.10%
22	000783	长江证券	-13 410 000.00	1 296 402 638.19	-1.03%
23	002297	博云新材	-269 079.98	27 375 543.48	-0.98%
24	002291	星期六	-948 700.00	101 266 424.11	-0.94%
25	002434	万里扬	-1 387 561.61	150 991 429.81	-0.92%
26	000963	华东医药	-3 541 162.91	399 404 615.79	-0.89%
27	000736	ST 重实	-1 074 793.71	129 287 715.14	-0.83%
28	600875	东方电气	-13 935 964.40	2 689 950 359.47	-0.52%
29	600480	凌云股份	-1 839 338.95	403 244 487.46	-0.46%
30	000858	五粮液	-18 606 800.00	4 580 663 635.60	-0.41%
31	002283	天润曲轴	-290 732.25	238 117 165.77	-0.12%
32	002158	汉钟精机	-23 705.70	136 318 938.97	-0.02%
33	600999	招商证券	-233 100.00	3 229 093 802.33	-0.01%
34	000404	华意压缩	-1 673.69	77 121 675.14	-0.0022%
35	000009	中国宝安	-806.35	441 594 872.21	-0.00018%

由表 2-19 可以看出，在会计估计变更导致净利润减少的 35 家上市公司中，就会计估计变更影响数占调整前净利润的比例来说，排在前两位的是美罗药业（600297）和上柴股份（600841），二者的会计估计变更减少净利润数额分别为 26 060 197.09 元和 61 747 868.63 元，所占比重分别为 64.91% 和 38.04%。就影响的绝对额来说，排在前 5 位的分别是上海汽车（600104）、鲁信创投（600783）、上柴股份（600841）、江淮汽车（600418）和美罗药业（600297）。他们的会计估计变更导致净利润减少的数额分别为 543 609 000.00、78 186 100.00、61 747 868.63、31 141 608.16 和 26 060 197.09 元，所占比例依次为 2.33%、15.21%、38.04%、2.58% 和 64.91%。

（3）会计估计变更对净利润影响为零

会计估计变更对净利润无影响的 6 家上市公司的名单见表 2-20。

表 2-20　会计估计变更对净利润无影响的 6 家上市公司的名单

序号	公司代码	公司名称
1	600139	西部资源
2	600710	常林股份
3	000561	烽火电子
4	300042	朗科科技
5	600308	华泰股份
6	600525	长园集团

在披露的 85 家存在会计估计的上市公司中，有 6 家上市公司的会计估计变更对净利润的影响数为 0，下面分别列示了这 6 家会计估计变更的内容以及会计估计变更对净利润无影响的原因：

①西部资源（600139）

经公司 2010 年 12 月 8 日召开的第六届董事会第三十次会议审议，决定自 2010 年 1 月 1 日起变更坏账准备会计估计，变更前的应收款项计提比例见表 2-21。

表 2-21　西部资源会计估计变更前的应收款项计提比例

账龄	应收账款计提比例（%）	其他应收款计提比例（%）
1 年以内	2	2
1～2 年	5	5
2～3 年	10	10
3 年以上	20	20

变更后的应收款项计提比例见表 2-22。

表 2-22　　西部资源会计估计变更后的应收款项计提比例

账龄	应收账款计提比例（%）	其他应收款计提比例（%）
1 年以内	2	2
1～2 年	5	5
2～3 年	10	10
3～4 年	50	50
4～5 年	80	80
5 年以上	100	100

根据《企业会计准则第 28 号——会计政策、会计估计变更和差错更正》的相关公告规定，对上述会计估计的变更采用未来适用法。由于本公司 3 年以上的应收账款及其他应收款的金额不大且进行了单独测试，本次会计估计变更对公司 2010 年利润总额没有影响。

董事会就本次会计估计变更的合理性进行了说明，认为公司本次对应收款项计提坏账准备比例进行的变更，满足了公司发展的需要，能够更准确、真实地反映公司的财务状况和经营成果，上述会计估计的变更符合公司的实际，符合财政部颁布的《企业会计准则》及其后续规定。

②常林股份（600710）

为能够使办公设备折旧年限与实际使用寿命更加接近，更公允地反映本公司的财务状况和经营成果，提供更可靠、更准确的会计信息，2010 年 7 月 30 日经本公司第五届董事会第十六次会议决议通过，本公司将办公设备的折旧年限由 7 年变更为 5 年，变更后将增加以后期间各月固定资产折旧约 5 万元。本公司实际将从 2010 年 12 月 31 日起执行新的会计估计。

③烽火电子（000561）

公司第五届董事会第二次会议审议通过了《关于会计政策、会计估计变更的议案》，因进行重大资产重组，重组后公司的经营范围发生重大变化，公司由家用电器、纺织电子产品生产销售企业变更为承担国家军品生产任务的军工企业，为了使提供的财务信息能更真实、可靠地反映公司经营状况，现对原会计政策、会计估计不适合公司新业务的部分进行变更。

本次会计估计变更是公司进行重大资产重组所致，以上变更后的会计估计均为烽火集团的相关会计估计，根据财政部《关于做好执行会计准则企业 2008 年年报工作的通知》（财会函［2008］60 号）和《企业会计准则讲解（2008）》，本公司合并财务报表参照反向购买原则编制，合并财务报表的比较信息是烽火集团投入的相关资产、负债 2009 年度相关期间模拟合并财务报表信息，所以本次会计估计变更不会对公司合并报告净利润、所有者权益产生影响。

④朗科科技（300042）

公司对“固定资产—房屋建筑物”的折旧年限由20年变更为40年，但截至2010年12月31日公司无“固定资产—房屋建筑物”项目，因此对公司财务报表无影响。

⑤华泰股份（600308）

本公司2011年4月24日第六届董事会第十八次会议审议通过了《关于公司变更固定资产折旧年限的决议》，对公司2011年度部分新增固定资产折旧年限进行变更，根据《企业会计准则第28号——会计政策、会计估计变更和差错更正》的规定，该变更采用未来适用法，本次会计估计变更对公司2010年度无影响。

⑥长园集团（600525）

随时间推移和经验积累，公司管理层发现原会计估计的可操作性存在缺陷，因为“五一”小长假、国庆长假和元旦假期的原因导致9月30日和12月31日之后的15个交易日收盘价的取得严重滞后，影响了财务报告的编制和报送时间。为了便于财务核算和财务报告，管理层拟决定对可供出售金融资产公允价值的计量方法进行变更。具体变更内容如下：

变更事项：可供出售金融资产公允价值计量方法变更。本次变更前的会计估计：以可供出售金融资产在资产负债表日及前后各15个交易日（共计31个交易日）的收盘价平均值作为可供出售金融资产的公允价值。变更后的会计估计：以可供出售金融资产在资产负债表日的收盘价作为可供出售金融资产的公允价值。会计估计变更日期：2010年12月31日。会计估计变更对公司的影响：本次会计估计的变更从2010年12月31日起执行，适用未来适用法进行会计处理。本次会计估计变更对本年财务报告的影响为：本公司2010年12月31日可供出售金融资产增加22 503 500.00元，递延所得税负债增加5 400 840.00元，资本公积增加17 102 660.00元。

董事会经过讨论，审议通过了《关于会计估计变更的议案》，认为新的方法缩短了确定可供出售金融资产公允价值所需的时间，符合《企业会计准则》的相关要求，提高了财务核算的及时性和有效性。

（4）会计估计变更对利润总额影响为正

会计估计变更对利润总额影响为正的影响数和占比见表2-23。

由表2-23可以看出，在会计估计变更增加利润总额的15家上市公司中，就会计估计变更影响数占调整前利润总额的比例来说，排在前5位的是新钢股份（600782）、*ST东热（000958）、大唐发电（601991）、模塑科技（000700）和方兴科技（600552），这5家公司的会计估计变更导致利润总额增加的金额依次为254 327 547.73元、223 760 228.70元、1 800 000 000.00元、14 204 000.00

表 2-23　　会计估计变更对利润总额影响为正的影响数和占比　　金额单位：元

序号	公司代码	公司名称	利润影响数	调整前利润总额	占比
1	600782	新钢股份	254 327 547.73	174 220 354.70	145.98%
2	000958	＊ST 东热	223 760 228.70	-194 975 681.79	-114.76%
3	601991	大唐发电	1 800 000 000.00	-1 795 376 119.00	-100.26%
4	000700	模塑科技	14 204 000.00	80 064 977.70	17.74%
5	600552	方兴科技	3 973 722.35	37 635 670.92	10.56%
6	000778	新兴铸管	127 025 782.83	1 636 011 317.57	7.76%
7	000602	金马集团	6 271 550.24	-82 463 606.92	-7.61%
8	600530	交大昂立	2 308 526.39	51 942 536.45	4.44%
9	600728	ST 新太	8 069 779.31	242 634 244.08	3.33%
10	601866	中海集运	133 926 509.41	4 185 780 448.70	3.20%
11	600960	滨州活塞	1 500 000.00	147 442 543.52	1.02%
12	000923	河北宣工	206 187.54	25 882 356.77	0.80%
13	002457	青龙管业	658 309.12	151 833 675.10	0.43%
14	600276	恒瑞医药	1 623 000.00	858 584 455.63	0.19%
15	300119	瑞普生物	150 000.08	118 962 604.59	0.13%

元和 3 973 722.35 元，所占比重依次为 145.98%、114.76%、100.26%、17.74%和 10.56%。就影响的绝对额来说，排在前 4 位的分别是大唐发电（601991）、新钢股份（600782）、＊ST 东热（000958）、中海集运（601866）和新兴铸管（000778）。它们的会计估计变更导致利润总额增加依次为 1 800 000 000.00元、254 327 547.73 元、223 760 228.70 元、133 926 509.41元和127 025 782.83元。另外值得一提的是，虽然＊ST 东热（000958）、大唐发电（601991）两家公司调整前利润总额为负，但由于会计估计变更对利润总额的影响数占调整前利润总额的绝对值大于 100%，因此，调整后利润总额为正，即＊ST东热（000958）和大唐发电（601991）两家上市公司由于会计估计变更使得利润总额由负转正，这种现象值得关注。

（5）会计估计变更对利润总额影响为负

会计估计变更对利润总额影响为负的影响数和占比见表 2-24。

表 2-24 **会计估计变更对利润总额影响为负的影响数和占比** 金额单位：元

序号	公司代码	公司名称	利润影响数	调整前利润总额	占比
1	600338	ST 珠峰	-1 197 014.66	-957 811.49	124.97%
2	600186	莲花味精	-35 722 742.33	57 897 992.53	-61.70%
3	000153	丰原药业	-16 340 951.63	68 912 453.44	-23.71%
4	600810	神马股份	-15 355 008.45	94 920 703.69	-16.18%
5	000733	振华科技	-8 593 699.43	69 106 020.55	-12.44%
6	002369	卓翼科技	-11 818 490.32	97 538 433.24	-12.12%
7	000967	上风高科	-2 347 339.90	23 165 446.43	-10.13%
8	600826	兰生股份	-11 524 511.05	117 741 053.68	-9.79%
9	600084	*ST 中葡	-8 616 189.00	103 728 656.93	-8.31%
10	600006	东风汽车	-12 332 455.68	642 195 329.45	-1.92%
11	600583	海油工程	-2 416 054.44	165 071 005.27	-1.46%
12	600611	大众交通	-3 955 825.27	733 934 153.05	-0.54%
13	000828	东莞控股	-1 964 713.51	421 013 648.68	-0.47%
14	600675	中华企业	-4 055 600.00	1 033 501 084.87	-0.39%
15	002382	蓝帆股份	-65 209.24	47 171 539.63	-0.14%

由表 2-24 可以看出，在会计估计变更减少利润总额的 15 家上市公司中，就会计估计变更影响数占调整前利润总额的比例来说，排在前 3 位的是 ST 珠峰（600338）、莲花味精（600186）和丰原药业（000153），3 家上市公司的会计估计变更导致利润总额减少的金额分别为 1 197 014.66 元、35 722 742.33 元和 16 340 951.63元，所占比重依次为 124.97%、61.70% 和 23.71%。就影响的绝对额来说，排在前 3 位的分别是莲花味精（600186）、丰原药业（000153）和神

马股份（600810）。它们的会计估计变更导致利润总额减少的金额依次为 35 722 742.33 元、16 340 951.63 元和 15 355 008.45 元，所占比例依次为 61.70%、23.71% 和 16.18%。

（四）准则执行过程中存在的问题

通过对存在会计估计变更的上市公司年度财务报告的研究，并结合《企业会计准则第 28 号——会计政策、会计估计变更和差错更正》的规定，我们发现上市公司在执行准则的过程中，对于会计估计变更情况的披露存在一定的问题，主要表现在以下几个方面：

（1）部分上市公司并没有对会计估计变更的原因做充分的说明，并且重要会计变更次年的相关信息没有得到充分的披露。

（2）根据目前的规定，同一管理层不应该在不同市场披露的同一财务报告中作出不同的会计估计和认定，但是，部分公司的境内外财务报告中还存在本不应存在的“会计估计及重要性认定”差异。

（3）个别交易、事项的会计处理仍存在模糊认识，有待于进一步明确和统一。从年报披露情况看，少数上市公司对会计估计变更的生效日期、会计估计变更与会计差错的区别等尚存在模糊认识，有待进一步统一。

（4）会计政策变更、会计估计变更和会计差错更正的误用和混淆。由于会计差错更正和会计政策变更均涉及对以往年度报表数据的追溯调整，个别公司混淆会计政策变更和会计差错更正，将本应是会计差错更正的事项作为会计政策变更。例如，2009 年会计准则已经对母公司在不丧失控制权的情况下部分处置对子公司的长期股权投资的会计处理作出规定，但某公司并未根据该规定进行会计处理。2010 年年报中该公司对 2009 年的相关会计处理进行更正，并调整了 2009 年报表相关数字，却作为会计政策变更披露。由于公司在披露 2009 年年报时已经有相关会计处理政策，并可以合理预期公司能够知悉该政策，如果 2009 年未按要求处理应属于会计差错。

（5）由于会计估计本身具有不确定性，有的公司在以往年度会计估计结果与日后实际情况不符时，简单作为会计差错处理。例如，某公司披露预收账款某项余额属长期挂账未予处理的历史遗留问题，经批准，本报告期公司将该余额调整以前年度营业外收入。如果该事项在最初入账时，根据当时取得的信息列于预收账款是正确的，则不能判定为前期差错。

二、典型案例

（一）*ST 三联（600898）：会计政策变更与会计估计变更的区分

根据三联商社股份有限公司（600898）披露的 2009 年年度财务报告，公司 2009 年度的会计政策变更见表 2-25。

表 2-25 **公司 2009 年度的会计政策变更**

会计政策变更的内容	审批程序	受影响的报表项目名称	影响金额
公司采用一次摊销法对低值易耗品进行管理，导致公司账面对低值易耗品失去控制，资产管理不清账，为了加强对低值易耗品的控制，公司自 2009 年 1 月 1 日起采用五五摊销法对低值易耗品进行管理	公司第七届董事会第十二次会议审议通过	存货	未来适用
按目前家电行业总体的价格趋势，公司自 2009 年 4 月 1 日起，对发出存货由加权平均法变更为按批次的先进先出法		存货	未来适用

低值易耗品摊销方法的变更属于会计估计变更而不是会计政策变更，该公司将其列为会计政策变更是不正确的。低值易耗品的管理由一次摊销法变更为五五摊销法，该事项不涉及会计确认、计量基础或列报项目的变更，因此，不能归为会计政策的变更。根据公司的财务报表附注的披露，之所以发生摊销方法的变更，是因为原有方法不利于公司对低值易耗品的控制，在现有环境下，使用五五摊销法更能有利于公司对低值易耗品的控制，该变更是因为该资产的当前状况及预期经济利益发生了变化，而对其定期消耗金额进行调整，因此属于会计估计变更的范畴。

（二）御银股份（002177）：会计估计变更处理方法的运用

御银股份会计估计变更内容如下：预计负债是企业按销售及融资租赁的 ATM 柜员机的数量计提的维护费，2009 年之前根据当时的市场情况预测每台每月计提 240 元的维护费，2009 年根据当年实际发生的维护费预测每台每月计提 200 元的维护费更合理，因此 2009 年预计维护费采用会计估计变更处理。2009 年新增的 ATM 柜员机每台每月计提维护费 200 元，调整 2009 年之前计提的柜员机维护费。

会计估计变更处理应采用未来适用法，是在变更当期和未来期间确认会计估计变更影响数的方法，不应追溯调整 2009 年之前计提的柜员机维护费。

（三）中海集运（601866）：利用会计估计变更进行利润操纵

该公司 2010 年对固定资产净残值作出了变更，将自有船舶的净残值计算标准调整为每吨 370 美元，将集装箱资产的净残值计算标准调整为每吨 380 美元；2011 年经济形势趋紧，该公司发生了亏损，亏损金额超过 6 亿元人民币，同时将自有船舶的净残值计算标准调整为每吨 470 美元，将集装箱资产的净残值计算标准调整为每吨 480 美元；而在 2012 年经济形势仍未得到好转的情况下，该公司扭亏为盈，实现了 11 亿元人民币的利润。而这 11 亿元人民币的利润源于公司对会计方法作出了调整，首先公司对固定资产的折旧年限进行了调整，将集装箱资产的预计使用寿命由 8 至 10 年调整为 12 年，主营业务成本降低，营业利润实现了减亏，也为来年打下基础；其次公司将大量自有的集装箱售出并租回，采取经营租赁而非融资租赁的计量方式实现了营业外收入的大幅度增长。

（四）大唐发电（601991）和 * ST 东热（000958）：利用会计估计变更由亏转盈

在披露的会计估计变更增加利润的上市公司中，有两家上市公司由于会计估计变更转亏为盈，这两家公司分别是大唐发电（601991）和 * ST 东热（000958），我们重点对这两家公司进行了分析。根据大唐国际发电股份有限公司（601991）2010 年度财务报告的披露，该公司于 2010 年 12 月 31 日对固定资产的预计使用寿命、预计净残值进行了变更，此项变更结合了当下的经营环境及市场状况，参照了行业其他企业的标准，变更后提高了同行业上市公司会计信息的可比性，属于固定资产会计估计变更，公司全年折旧费用降低人民币约 18 亿元。该上市公司本年度利润总额为 4 623 881.00 元，则调整前利润总额为 -1 795 376 119.00 元，即调整前利润总额为负，因会计估计变更本公司由亏转盈。并且，该上市公司会计估计变更时间为 12 月 31 日，有通过会计估计变更进行利润操纵的可能性。从财务报表附注内容来看，本公司仅提及会计估计变更是为了增加与同行业会计信息的可比性，但并未披露同行业的相关数据，此项会计估计变更涉及金额重大，应提请关注。

三、思考题

1. 如何正确划分会计估计变更和会计政策变更？如何正确理解其划分依据？

2. 会计准则中对于会计估计变更的处理方法是如何规定的？结合上市公司案例说明上市公司在实务中的应用情况。

3. 结合上市公司案例，重点关注会计估计变更对利润影响数额较大的几家公司，分析上市公司有无应用会计估计变更粉饰财务报表、操纵利润的可能性？

4. 针对会计估计变更信息披露存在的问题，提出合理化改进建议。

四、思考题参考思路

1. 企业应当以变更事项的会计确认、计量基础和列报项目是否发生变更作为判断该变更是会计政策变更，还是会计估计变更的划分基础。

（1）以会计确认是否发生变更作为判断基础。《企业会计准则——基本准则》规定了资产、负债、所有者权益、收入、费用和利润等 6 项会计要素的确认标准，其相应的变更是会计政策变更。

某企业在前期将某项内部研发项目开发阶段的支出计入当期损益，而当期按照《企业会计准则第 6 号——无形资产》的规定，该项支出符合无形资产的确认条件，应当确认为无形资产。该事项的会计确认发生变更，即前期将开发费用确认为一项费用，而当期将其确认为一项资产。该事项中会计确认发生了变化，所以该变更属于会计政策变更。

（2）以计量基础是否发生变更作为判断基础。《企业会计准则——基本准则》规定了历史成本、重置成本、可变现净值、现值和公允价值等 5 项会计计量属性，其相应的变更是会计政策变更。

某企业在前期对购入的价款超过正常信用条件延期支付的固定资产初始计量采用历史成本，而当期按照《企业会计准则第 4 号——固定资产》的规定，该类固定资产的初始成本应以购买价款的现值为基础确定。该事项的计量基础发生了变化，所以该变更属于会计政策变更。

（3）以列报项目是否发生变更作为判断基础。《企业会计准则第 30 号——财务报表》规定了财务报表项目应采用的列报原则，其相应的变更是会计政策变更。

某商业企业在前期将商品采购费用列入营业费用，当期根据《企业会计准则第 1 号——存货》的规定，将采购费用列入成本。因为列报项目发生了变化，所以该变更是会计政策变更。当然这里也涉及会计确认、计量的变更。

（4）根据会计确认、计量基础和列报项目所选择的、为取得与该项目有关的金额或数值所采用的处理方法，不是会计政策，而是会计估计，其相应的变更是会计估计变更。

例如，某企业需要对某项资产采用公允价值进行计量，而公允价值的确定需要根据市场情况选择不同的处理方法。在不存在销售协议和资产活跃市场的情况下，需要根据同行业类似资产的近期交易价格对该项资产进行估计；在不存在销售协议但存在资产活跃市场的情况下，其公允价值应当以该项资产的市场价格为基础进行估计。因为企业所确定的公允价值是与该项资产有关的金额，所以为确定公允价值所采用的处理方法是会计估计，不是会计政策。相应地，当企业面对的市场情况发生变化时，其采用的确定公允价值的方法变更是会计估计变更，不是会计政策变更。

2. 根据《企业会计准则第 28 号——会计政策、会计估计变更和差错更正》的规定，企业对会计估计变更应当采用未来适用法处理，其具体处理方法为：

（1）会计估计变更仅影响变更当期的，其影响数应当在变更当期予以确认。

某企业原按应收账款余额的 5% 提取坏账准备，由于企业不能收回应收账款的比例已达 10%，则企业改按应收账款余额的 10% 提取坏账准备。这类会计估计的变更，只影响变更当期，因此，应于变更当期确认。

（2）既影响变更当期又影响未来期间的，其影响数应当在变更当期和未来期间予以确认。

某企业的一项可计提折旧的固定资产，其有效使用年限或预计净残值的估计发生变更，影响了变更当期及资产以后使用年限内各个期间的折旧费用，这项会计估计的变更，应于变更当期及以后各期确认。

会计估计变更的影响数应计入变更当期与前期相同的项目中。为了保证不同期间的财务报表具有可比性；会计估计变更的影响如果以前包括在企业日常经营活动的损益中，则以后也应包括在相应的损益类项目中；如果会计估计变更的影响数以前包括在特殊项目中，则以后也相应作为特殊项目反映。

（3）企业应当正确划分会计政策变更和会计估计变更，并按不同的方法进行相关会计处理。企业通过判断会计政策变更和会计估计变更划分基础仍然难以对某项变更进行区分的，应当将其作为会计估计变更处理。

为了解上市公司会计估计变更处理方法的应用情况，可结合四川圣达（000564）、西安民生（000564）、烽火电子（000561）等上市公司 2010 年年度财务报告中关于会计估计变更的情况进行分析，了解未来适用法在实务中的具体应用。

3. 会计估计变更是指由于资产和负债的当前状况及预期经济利益和义务发生了变化，从而随资产和负债的账面价值或者资产的定期消耗金额进行调整，其目的是更加真实、公允地反映企业的财务状况和经营成果。但有些企业在利益驱动下，有目的、有计划地通过会计估计变更操纵盈余，由于信息的不对称会影响利益相关者的决策。会计估计变更的动机可以归为以下 3 类：

（1）政策性调整动机

企业希望通过上市融得资金，但企业的上市是有严格限制的，上市之后增发、配股、退市等也要有一定的标准，如想要配股发行，需要在最近 3 个完整的会计年度的净资产收益率平均在 10% 以上；连续两年亏损就要被 ST 等。有些上市公司为了达到增发配股的标准或者避免摘牌，就会利用会计估计变更进行盈余管理，对利润按照自己的需要进行调节。

（2）利润平滑动机

企业的经营业绩会受到宏观环境的影响，当整个经济不景气或者行业发展遇到瓶颈时，就会不可避免地出现业绩大幅提高或者急剧下跌的状况。从企业的角度，不希望企业的业绩有过大的波动，尤其是大幅的下跌会给企业带来负面效应。而会计估计变更存在人为估计，企业就会利用会计估计变更来调整利润，当利润大幅提高时调减当期利润，当利润大幅下跌甚至亏损时调高利润。

（3）巨额冲销动机

巨额冲销就是有意做大亏损，建立秘密准备，以使将来能够转回尽早达到扭亏为盈。比如，上市公司为了避免被 ST，在亏损的时候就有意提高坏账准备的计提比例，这样将来随着应收账款的收回或者再次降低坏账准备的提取比例，可以尽早实现盈利，不至于连续亏损而被 ST。

从对大唐发电（601991）和 * ST 东热（000958）2010 年财务报告的披露情况分析可知，两家上市公司在会计估计变更前利润为负，变更后利润为正，即通过会计估计变更实现了利润的转亏为盈。尤其是大唐发电，2010 年因会计估计变更提高的利润总额约为 18 亿元，有利用会计估计变更进行利润操纵的动机。分析时，可结合两家公司在 2010 年前后几年的重大事项来分析其是否存在利润操纵的动机。

4. 针对会计估计变更信息披露存在的问题，提出合理化改进建议，可以从以下几方面考虑：准则的完善、有关机构的监管、注册会计师审计、对公司会计估计变更的判断进行评估等。

主要参考文献及数据来源

［1］胡晶晶．上市公司会计估计变更的案例研究［EB/OL］．［2013-5-14］．http：//www. audit. gov. cn/n1992130/n1992150/n1992576/3279432. html.

［2］李春红，李文彬．我国上市公司会计估计变更中的利润操纵及对策［J］．中国乡镇企业会计，2009，（6）．

［3］上海证券交易所网站，http：//www. sse. com. cn/.

［4］深圳证券交易所网站，http：//www. szse. cn/.

附录 1

序号	公司代码	公司简称	变更类型	具体变更内容
1	000404	华意压缩	固定资产折旧变更	折旧年限
2	000537	广宇发展	固定资产折旧变更	折旧年限
3	000602	金马集团	固定资产折旧变更	固定资产分类，折旧年限，预计净残值
4	002283	天润曲轴	固定资产折旧变更	预计净残值
5	600084	* ST 中葡	坏账准备计提变更	应收款项坏账准备计提比例
6	600552	方兴科技	坏账准备计提变更	应收款项坏账准备计提比例
7	600675	中华企业	坏账准备计提变更	应收款项坏账准备计提方法
8	600710	常林股份	固定资产折旧变更	折旧年限

续表

序号	公司代码	公司简称	变更类型	具体变更内容
9	000564	西安民生	固定资产折旧变更，坏账准备计提变更	折旧年限，净残值率，应收款项坏账准备计提比例
10	600139	西部资源	坏账准备计提变更	应收款项坏账准备计提比例
11	002297	博云新材	坏账准备计提变更	将单项金额重大应收款项标准调高
12	600841	上柴股份	其他	产品质保及保养费计算方法
13	000889	渤海物流	低值易耗品摊销方法变更	"五五摊销法"变更为"一次摊销法"
14	600276	恒瑞医药	固定资产折旧变更	折旧年限
15	000736	ST 重实	固定资产折旧变更，坏账准备计提变更	折旧年限，预计净残值，应收款项坏账准备计提比例
16	600087	长航油运	固定资产折旧变更，坏账准备计提变更	预计使用年限及残值率
17	000606	青海明胶	固定资产折旧变更，坏账准备计提变更	折旧年限，应收款项坏账准备计提比例
18	600826	兰生股份	坏账准备计提变更	应收款项坏账准备计提比例
19	000778	新兴铸管	其他	安全生产费的计提
20	002033	丽江旅游	固定资产折旧变更	预计净残值
21	600728	ST 新太	坏账准备计提变更	应收款项坏账计提账龄区间、计提比例
22	300119	瑞普生物	其他	无形资产摊销年限
23	600648	外高桥	固定资产折旧变更	预计净残值
24	000862	银星能源	坏账准备计提变更，低值易耗品摊销方法变更	应收款项坏账准备计提比例，"一次摊销法"变更为"五五转销法"
25	000561	烽火电子	其他	重大资产重组
26	002151	北斗星通	坏账准备计提变更	应收款项坏账准备计提比例
27	600418	江淮汽车	其他	无形资产摊销年限
28	600993	马应龙	坏账准备计提变更	应收款项坏账准备计提比例
29	600085	同仁堂	坏账准备计提变更	应收款项坏账准备计提比例
30	000009	中国宝安	坏账准备计提变更	应收款项坏账准备计提比例和方式

续表

序号	公司代码	公司简称	变更类型	具体变更内容
31	601991	大唐发电	固定资产折旧变更	折旧年限，预计净残值率
32	600806	昆明机床	坏账准备计提变更	应收款项坏账准备计提比例
33	300047	天源迪科	固定资产折旧变更	折旧年限
34	600525	长园集团	其他	可供出售金融资产公允价值的确定
35	000835	四川圣达	固定资产折旧变更，其他	折旧年限，无形资产摊销年限
36	002262	恩华药业	坏账准备计提变更	应收款项坏账准备计提比例
37	002158	汉钟精机	坏账准备计提变更	按照产品重新分类变更坏账准备会计估计
38	600548	深高速	其他	无形资产摊销年限
39	600006	东风汽车	固定资产折旧变更	预计净残值
40	600188	兖州煤业	其他	无形资产摊销方法，直线法变为产量法
41	002060	粤水电	固定资产折旧变更	折旧计提方法，平均年限法变更为工作量法
42	002291	星期六	固定资产折旧变更	折旧年限
43	002457	青龙管业	固定资产折旧变更	折旧年限
44	600236	桂冠电力	固定资产折旧变更	折旧年限
45	000858	五粮液	固定资产折旧变更	折旧年限
46	601866	中海集运	固定资产折旧变更	预计净残值
47	600583	海油工程	坏账准备计提变更	应收款项坏账计提账龄区间、计提比例
48	000880	潍柴重机	固定资产折旧变更	折旧方法由平均年限法变更为双倍余额递减法
49	000828	东莞控股	固定资产折旧变更	根据实际车流量重新预测剩余收费期的车流量，并调整以后年度每标准车流量应计提的折旧额
50	000520	长航凤凰	固定资产折旧变更，坏账准备计提变更	固定资产预计使用年限及残值率，应收款项坏账计提账龄区间、计提比例

续表

序号	公司代码	公司简称	变更类型	具体变更内容
51	002042	华孚色纺	固定资产折旧变更	固定资产预计使用年限及残值率
52	600875	东方电气	固定资产折旧变更	折旧年限
53	600104	上海汽车	其他	无形资产摊销年限，Rover 技术使用费确认
54	600611	大众交通	坏账准备计提变更	应收款项坏账准备计提方法
55	002382	蓝帆股份	固定资产折旧变更	固定资产预计残值和使用寿命
56	600530	交大昂立	固定资产折旧变更	折旧年限
57	600960	滨州活塞	固定资产折旧变更	折旧年限
58	000600	建投能源	固定资产折旧变更	折旧年限
59	000733	振华科技	坏账准备计提变更	应收款项坏账准备计提比例
60	600297	美罗药业	坏账准备计提变更	应收款项坏账准备计提比例
61	600833	第一医药	坏账准备计提变更，低值易耗品摊销方法变更	应收款项坏账准备计提比例，“五五摊销法”变更为“一次摊销法”
62	002369	卓翼科技	坏账准备计提变更	应收款项坏账准备计提比例
63	000423	东阿阿胶	固定资产折旧变更，坏账准备计提变更	折旧年限，残值率，折旧方法；应收款项坏账准备计提比例
64	600480	凌云股份	固定资产折旧变更	固定资产分类，折旧年限
65	600782	新钢股份	固定资产折旧变更	折旧年限
66	600999	招商证券	坏账准备计提变更，其他	应收款项坏账准备计提方法，可供出售金融资产减值准备的计提方法
67	000153	丰原药业	坏账准备计提变更	应收款项坏账准备计提比例
68	300042	朗科科技	固定资产折旧变更	折旧年限
69	002078	太阳纸业	坏账准备计提变更	应收款项坏账准备计提比例
70	000967	上风高科	坏账准备计提变更	应收款项坏账准备计提方法
71	000923	河北宣工	低值易耗品摊销方法变更	领用时按 90% 摊销
72	000963	华东医药	固定资产折旧变更	残值率
73	000700	模塑科技	固定资产折旧变更	折旧年限

续表

序号	公司代码	公司简称	变更类型	具体变更内容
74	600810	神马股份	坏账准备计提变更	应收款项坏账准备计提方法
75	600308	华泰股份	固定资产折旧变更	折旧年限
76	600338	ST 珠峰	坏账准备计提变更	应收款项坏账准备计提方法
77	002434	万里扬	固定资产折旧变更	残值率
78	002307	北新路桥	坏账准备计提变更	应收款项坏账准备计提方法
79	000783	长江证券	固定资产折旧变更	固定资产分类，折旧年限，预计净残值
80	900956	东贝 B 股	固定资产折旧变更	折旧年限
81	200770	＊ST 武锅 B	固定资产折旧变更	残值率
82	000958	＊ST 东热	其他	一次性热力入网费摊销期限变更为：摊余金额一次性转入收入
83	600186	莲花味精	坏账准备计提变更	应收款项坏账准备计提比例
84	600645	ST 中源	坏账准备计提变更	应收款项坏账准备计提比例
85	600783	鲁信创投	坏账准备计提变更	应收款项坏账准备计提方法

（本章编写者：褚晗旭　魏燕杰）

第三章

会计差错更正

主要知识点

定义	前期差错，是指由于没有运用或错误运用下列两种信息，而对前期财务报表造成省略或错报。 1. 编报前期财务报表时预期能够取得并加以考虑的可靠信息。 2. 前期财务报告批准报出时能够取得的可靠信息。	
分类	通常包括计算错误、应用会计政策错误、疏忽或曲解事实以及舞弊产生的影响以及存货、固定资产盘盈等。	
处理方法	区分重要性	首先根据影响财务报表项目的金额和性质区分重要性。
	重要的前期差错	1. 确定前期差错累积影响数切实可行的，采用追溯重述法； 2. 确定前期差错影响数不切实可行的，可以从可追溯重述的最早期间开始调整留存收益的期初余额，财务报表其他相关项目的期初余额也应当一并调整，也可以采用未来适用法。 3. 在重要的前期差错发现当期的财务报表中，调整前期比较数据。
	不重要的前期差错	企业不需调整财务报表相关项目的期初数，但应调整发现当期与前期相同的相关项目。属于影响损益的，应直接计入本期与上期相同的净损益项目；属于不影响损益的，应调整本期与前期相同的相关项目。
披露	企业应当在附注中披露与前期差错更正有关的下列信息： 1. 前期差错的性质。 2. 各个列报前期财务报表中受影响的项目名称和更正金额。 3. 无法进行追溯重述的，说明该事实和原因以及对前期差错开始进行更正的时点、具体更正情况。 在以后期间的财务报表中，不需要重复披露在以前期间的附注中已披露的前期差错更正的信息。	

一、总体执行情况

我们统计了2009—2011年存在前期差错更正的公司家数以及所占的比例，初步发现存在前期差错更正的公司家数及所占比例呈下降的趋势。随后，我们随机选取2010年88家存在前期差错更正的公司中的31家，对这31家上市公司的前期差错更正类型进行了汇总分析，并分析了前期差错更正对当年期初所有者权益的影响等，发现“错记、漏记及账户分类错误”类型的差错所占比重最大，前期差错更正对期初未分配利润的影响最大。

（一）基本情况

截至2010年4月30日，披露2009年年度报告的公司共1 774家，存在前期差错更正的公司共137家；截至2011年4月30日，披露2009年年度报告的公司共2 129家，存在前期差错更正的公司共88家；截至2012年4月30日，披露2009年年度报告的公司共2 341家，存在前期差错更正的公司共82家，具体信息见表3-1。

表3-1　　**2009—2011年存在前期差错更正的公司家数及所占比例**

项目 年份	存在前期差错更正		不存在前期差错更正	
	公司数量（家）	所占比例	公司数量（家）	所占比例
2009	137	7.72%	1 637	92.28%
2010	88	4.13%	2 041	95.87%
2011	82	3.50%	2 259	96.50%

（二）具体情况

1. 会计差错更正类型

会计差错更正通常包括计算错误、应用会计政策错误、疏忽或曲解事实以及舞弊产生的影响等。

对会计差错类型统计分析情况见表3-2。

表3-2　　**前期差错类型统计分析表**

编号	代码	公司名称	错记、漏记及账户分类错误	应用会计政策错误	疏忽或曲解事实及舞弊	其他
1	000697	*ST偏转	√			
2	000976	*ST春晖	√			
3	600234	ST天龙	√			
4	600678	ST金顶	√			
5	600217	ST秦岭	√			
6	000977	浪潮信息	√	√		
7	000710	天兴仪表	√	√		
8	002504	*ST传媒		√		
9	002047	成霖股份				√
10	601991	大唐发电	√			

续表

编号	代码	公司名称	错记、漏记及账户分类错误	应用会计政策错误	疏忽或曲解事实及舞弊	其他
11	000056	深 国 商	√			
12	600731	湖南海利	√			
13	600091	*ST 明科	√			
14	600137	浪莎股份		√		
15	200160	ST 大路 B	√	√		√
16	000818	*ST 化工			√	
17	002113	ST 天润	√			
18	002197	证通电子	√			
19	000049	德赛电池	√			
20	000735	罗牛山	√			
21	600885	*ST 力阳				√
22	600613	永生投资	√			
23	000908	*ST 天一				√
24	000805	*ST 炎黄	√			
25	000033	新都酒店	√	√		
26	002200	绿大地	√	√		√
27	600556	*ST 北生	√			
28	600727	*ST 鲁北	√	√		
29	600455	*ST 博通	√			
30	600145	*ST 四维			√	
合计			23	8	2	5

注：因为安妮股份没有披露具体内容，我们无从推测其前期差错的类型。

对以上 31 家上市公司的前期差错更正类型的分析显示，有 30 家对前期更正内容进行了具体的披露，只有 1 家（安妮股份）没有披露具体的内容，该公司只提到了会计差错的影响科目和相对应的金额。在具体披露的 30 家中，23 家存在会计差错更正的类型属于错记、漏记以及账户分类错误，占具体披露总数的 77%；8 家存在会计差错更正是由于应用会计政策错误，占具体披露总数的 27%；2 家存在会计差错更正是由于疏忽或曲解事实及舞弊，占具体披露总数的 7%；还有其他情况，如税率调整、涉及子公司的调整等。

此外，会计差错更正还可分为主动更正和被动更正两种情况。主动更正是指公司通过自查形式，发现了以前年度的会计差错，并自愿进行更正；被动更正是指有关监管机关在对上市公司会计信息进行检查时发现会计政策、会计估计应用错误、会计处理错误或计算错误等，并以书面文件要求公司进行更正。前期差错主动更正与被动更正的统计分析情况见表3-3。

表3-3 前期差错主动更正与被动更正的统计分析表

编号	代码	公司名称	主动与否	
			主动更正	被动更正
1	000697	*ST偏转		√
2	000976	*ST春晖	√	
3	600234	ST天龙		√
4	600678	ST金顶	√	
5	600217	ST秦岭	√	
6	000977	浪潮信息		√
7	000710	天兴仪表	√	
8	002504	*ST传媒	√	
9	002047	成霖股份		√
10	601991	大唐发电		√
11	000056	深国商	√	
12	600731	湖南海利	√	
13	600091	*ST明科	√	
14	600137	浪莎股份	√	
15	200160	ST大路B		√
16	000818	*ST化工		√
17	002113	ST天润		√
18	002235	安妮股份		√
19	002197	证通电子	√	
20	000049	德赛电池	√	
21	000735	罗牛山	√	
22	600885	*ST力阳		√
23	600613	永生投资	√	
24	000908	*ST天一	√	
25	000805	*ST炎黄	√	
26	000033	新都酒店	√	
27	002200	绿大地	√	√
28	600556	*ST北生	√	
29	600727	*ST鲁北	√	√
30	600455	*ST博通	√	
31	600145	*ST四维		√
合计			20	13

从对31家上市公司的前期差错更正是主动还是被动的分析显示，在31家对前期更正内容进行了具体披露的上市公司中，有20家进行了主动更正，有13家

进行了被动更正。其中绿大地（002200）和＊ST鲁北（600727）同时存在主动更正和被动更正两种情况。

上市公司主动进行会计差错更正涉及的原因比较复杂，常见的有税金补缴、资产减值准备计提、收入成本费用的确认时间或金额有误，另外也有公司调整以前年度的递延所得税资产确认、联营公司的投资收益等。有一家上市公司因会计差错更正改变公司2009年度盈亏方向。在被动进行前期差错更正的公司中，纳税汇算清缴问题占据主导地位。

2. 会计处理方法的运用

处理企业前期差错时，应当根据影响财务报表项目的金额和性质区分重要性。根据重要性不同采取不同的处理方法。重要的前期差错是指足以影响财务报表使用者对企业财务状况、经营成果和现金流量作出正确判断的前期差错。前期差错的重要性取决于在相关环境下对遗漏或错误表述的规模和性质的判断。前期差错所影响的财务报表项目的金额或性质，是判断该前期差错是否具有重要性的决定性因素。一般来说，前期差错所影响的财务报表项目的金额越大、性质越严重，其重要性水平越高。与会计政策变更采用追溯调整法不同，企业应当采用追溯重述法更正重要的前期差错。在此，我们不再对具体处理方法进行赘述。

在随机抽取的2010年存在前期差错更正的31家上市公司中，全部采用追溯调整法进行会计处理。下面以ST化工（000818）为例说明追溯调整法的应用。

ST化工存在会计差错的具体披露内容为：辽宁省葫芦岛市中级人民法院（2010）葫民二破字第00001-2号《民事裁定书》裁定确认的本公司部分应付款项的余额与本公司账面余额存在差异，本公司对应付的银行借款逾期利息等进行了追溯调整。会计差错更正对资产负债表项目和利润表项目的影响见表3-4和表3-5。

表3-4　**会计差错更正对资产负债表项目的影响**　单位：元

项目	调整前金额	调整金额	调整后金额	调整比率
应付利息	57 108 000.00	10 644 476.22	67 752 476.22	18.64%
其他应付款	421 500 032.03	4 885 293.10	426 385 325.13	1.16%
未分配利润	-1 257 146 034.36	-15 529 769.32	-1 272 675 803.68	1.24%

表3-5　**会计差错更正对利润表项目的影响**　单位：元

项目	调整前金额	调整金额	调整后金额	调整比率
管理费用	75 974 494.72	470 000.00	76 444 494.72	0.62%
财务费用	109 055 443.97	15 695 350.23	124 750 794.20	14.39%
净利润	-1 101 242 690.37	-16 165 350.23	-1 117 408 040.60	1.47%

3. 有关信息的披露情况列示

2010 年披露前期差错更正的共有 88 家上市公司，限于篇幅，我们随机选取具有代表性的 31 家上市公司，列示披露的具体情况，并将其按照对 2010 年期初未分配利润的影响方向分为 3 类，具体披露情况见表 3-6、表 3-7 和表 3-8。

表 3-6 前期差错更正对 2010 年期初未分配利润影响为负的上市公司披露情况

编号	公司代码	公司名称	披露情况
1	200160	ST 大路 B	协议规定补偿金额为 8 214.91 万元，2009 年原帝贤公司破产管理人代荣益达公司收到补偿款 71 504 370.00 元，应确认为补偿收益，并相应结转拆迁成本和计提税金，变更资本公积和前期损益项目
2	600727	*ST 鲁北	前期资产减值准备提取不足
3	000818	*ST 化工	本公司对部分应付款项的余额和利息等进行了追溯调整
4	002113	ST 天润	在建工程中的煤棒工程及煤棚工程合计 14 566 912.21 元，已于 2009 年年末完工投入使用，应转入固定资产核算；以前年度少结转成本 13 635 236.05 元，本公司进行了追溯调整；子公司岳阳宏润肥业有限公司 2009 年度少结转成本 846 429.00 元
5	600678	ST 金顶	1. 子公司仁寿县人民特种水泥有限公司（以下简称人民水泥公司）2009 年度少提逾期借款之利息、罚息和往来款利息合计 9 248 507.50 元，在编制 2010 年度比较财务报表时，已采用追溯重述法对该项前期差错进行了更正。 2. 子公司人民水泥公司 2009 年度少提工资及社会保险费合计 2 187 674.00 元，在编制 2010 年度比较财务报表时，已采用追溯重述法对该项前期差错进行了更正
6	600731	湖南海利	1. 公司此前将土地使用权（望国用［2003］字第 181 号）计入在建工程，本期将其转入无形资产，并对摊销进行追溯调整。 2. 补提各年度的安全生产费。 3. 2009 年、2010 年无新增应纳所得税额可供抵扣，且将于 2011 年到期，公司预计未来无足够的新增所得税可供抵扣，故将其转回，并追溯调整

续表

编号	公司代码	公司名称	披露情况
7	002197	证通电子	1. 公司 2008 年、2009 年、2010 年历次股东会决议均未对承包经营奖金进行审批，公司及证通金信承诺积极采取措施追回资金，同时公司控股股东曾胜强承诺为避免损失及保障公司资金安全，如一年内不能追回由其个人代付。 2. 2009 年及以前发出商品 9 727 796.92 元系销售赠品及用于更换、维修使用备机，应按所属期间确认成本费用
8	000056	深国商	本年度将原计入存货的该土地使用权追溯调整计入无形资产并按照使用权年限进行摊销
9	000697	＊ST 偏转	2007 年至 2009 年度期间共少计房产税 3 844 591.97 元，少计土地使用税 197 596.45 元，少计企业所得税费用 46 412.05元，总计少缴税款 4 088 600.47 元，上述税金于 2010 年度补缴完毕
10	002235	安妮股份	公司对前期会计差错进行修正，专员办检查差错更正及公司自查差错更正
11	000735	罗牛山	子公司海口景山学校 2011 年 1 月 14 日为教职工补交 2009 年以前需由学校承担的社会保险费 1 870 712.19 元
12	600556	＊ST 北生	少计其他应付款，少计其他应收款，少计应交税费，多计营业外收入，少计营业外支出
13	600885	＊ST 力阳	计算错误，补缴所得税
14	002200	绿大地	1. 经税务机关审核确认，对本公司 2008 年、2009 年申请的享受高新技术企业所得税减免（按 15%）不予备案，相应补缴 2008 年度所得税和 2009 年度所得税。 2. 本公司以前年度在未取得工程项目结算前，按完工进度确认了应收账款，不符合建造合同准则规定。 3. 本公司以前年度将“管护成本”在月末直接转入“苗木销售成本”核算，不符合《企业会计准则第 5 号——生物资产》的规定
15	601991	大唐发电	本公司对 2009 年部分关停发电机组及其备件和部分固定资产延迟转固而引起的前期低估固定资产减值准备、存货跌价准备和少提固定资产折旧进行了追溯调整

由表 3-6 可知，前期差错更正对 2010 年期初未分配利润影响为负的上市公司有 15 家，前期差错的类型也是多种多样的，包括计算错误、应用会计政策错误等。如罗牛山（000735）的子公司海口景山学校 2011 年 1 月 14 日为教职工补交 2009 年以前需由学校承担的社会保险费 1 870 712. 19 元，此种情况为漏记引起的前期差错。

表 3-7　**前期差错更正对 2010 年期初未分配利润无影响的上市公司披露情况**

编号	公司代码	公司名称	披露情况
1	000976	＊ST 春晖	1. 对计划再次改造利用的固定资产进行减值测试计提适当比例的减值。 2. 由于公司每年 12 月工资都在次年元月发放时计入发放月份的损益。 3. 公司中高层管理人员实行年薪制，其中约 35% 的薪金在年度考核后于次年 1、2 月发放，公司历年末均未预提此部分薪金。 4. 同时，会计师发现公司有 2008 年发生的信息披露费 250 555. 56 元、2009 年发生信息披露费 226 666. 67 元挂账未及时计入当年度损益，提请公司进行调整
2	000977	浪潮信息	1. 两处土地及房产合并在固定资产下核算，未按准则要求进行合理分配。 2. 长期待摊费用下核算固定资产装修和工程费用，未在固定资产科目下列示。 3. 售后回购误计收入，需冲回
3	002504	＊ST 传媒	出于谨慎性考虑，对部分账龄较长预期难以收回的应收账款 16 680 610. 19 元采用个别认定法全额计提了坏账准备
4	000908	＊ST 天一	将以前年度划至子公司的亏损 63 004 073. 30 元，作为会计差错进行追溯调整
5	000805	＊ST 炎黄	对武汉中白的投资未入账，发现未入账的股权投资
6	600145	＊ST 四维	追加支付重庆超思信息材料股份有限公司股权转让价款 2 050 万元，公司承担 1 900 万元违约损失冲减债权

由表 3-7 可知，前期差错更正对 2010 年期初未分配利润无影响的公司为 6 家，均未对其产生影响，但对其他年度的会计科目产生了影响，具体可参照相应上市公司的年度财务报告。

表3-8　前期差错更正对2010年期初未分配利润影响为正的上市公司披露情况

编号	公司代码	公司名称	披露情况
1	000710	天兴仪表	2008年度结转报废固定资产时，多冲减了固定资产减值准备97 651.71元及相应的递延所得税资产24 412.93元；2008年度计提了固定资产减值准备127 378.62元及相应的递延所得税资产31 844.66元，因依据不充分造成本公司少计2008年度利润95 533.96元；2008年度将支付的未取得发票的律师费130 115.96元计入“管理费用”科目
2	600217	ST秦岭	2009年度公司将705 101.26元，作为职工福利计入当期管理费用。本年度再次与置业公司进行账务核对时发现有误，应作为应收置业公司的款项确认
3	000033	新都酒店	1. 误将应在投资性房地产科目核算的放在固定资产科目核算。 2. 2008年收到“利生项目”的投资权益转让款23 500 000元，当年计提了相关的营业税金及附加1 257 250元，此项收回款项实质上是前期债权的收回，而不涉及房产交易税金，所以不需要计提该项税费。 3. 本公司2009年由于当期亏损而未确认递延所得税资产的可抵扣暂时性差异，考虑以后期间经营情况及公司管理层的经营规划，未来可能获取可抵扣税额，因此在编制2009年与2010年可比财务报表时，对该项会计差错进行了更正
4	600234	ST天龙	1. 公司2009年度对投资性房地产的后续计量模式由成本模式计量变更为公允价值模式计量。按要求应追溯调整到2007年年初，而公司当时是调整到2008年年初，故需对其进行补充追溯调整。 2. 公司2004年预收账款209.39万元长期挂账未处理
5	600613	永生投资	以前计算错误，调整以前年度应交税金
6	002047	成霖股份	于2010年4月7日被认定为高新技术企业，本公司2009年度至2011年度减按15%的税率缴纳企业所得税
7	600137	浪莎股份	编制合并财务报表时，前期采用还原子公司计提盈余公积的方式合并报表，本期改用不还原的方式合并
8	600455	*ST博通	截至2010年12月31日，编号为HX090410的合同未履行且有迹象表明该合同将不再履行，2009年12月31日该笔存货应以市场销售价格计提存货跌价准备
9	000049	德赛电池	截至本年度审计报告日德赛股份从惠州润驰收回11 536 000元，对子公司欠款全额计提坏账准备的做法存在重大差错
10	600091	*ST明科	2009年度本公司误将对子公司丽江德润房地产开发有限公司的债权5 000万元记入了长期股权投资成本

由表3-8可以看出，前期差错更正对于2010年期初未分配利润的影响为正

的公司有 10 家，即公司因为追溯调整前期差错而增加了股东权益。如 ST 秦岭（600217）2009 年度将 705 101.26 元，作为职工福利计入当期管理费用。本年度再次与置业公司进行账务核对时发现有误，应作为应收置业公司的款项确认。

值得一提的是，31 家公司基本上按照会计准则的要求进行披露，但安妮股份（002235）没有披露前期差错的性质，此外就是规范性上存在欠缺，有待加强。

4. 前期差错更正对于上市公司财务状况和经营成果的影响

截至 2010 年 4 月 30 日，沪深两市已披露 2009 年年报的 1 774 家上市公司中，前期差错更正对 2009 年期初净资产的影响总金额为-468 837 716.66 元，占所有发生前期差错更正的公司 2009 年期初净资产合计的-0.22%；对 2008 年净利润的影响总金额为-278 424 432.63 元，占所有发生前期差错更正的公司 2008 年净利润合计的-3.73%。对 2009 年期初净资产和净利润影响金额最大的前 5 家公司的情况见表 3-9 和表 3-10。

表 3-9 **对 2009 年期初净资产影响金额最大的 5 家公司的情况** 单位：元

公司代码	公司简称	对 2009 年期初净资产影响金额	2009 年期初净资产金额	占 2009 年期初净资产比重
000691	*ST 亚太	-170 000 000.00	160 770 617.89	-105.74%
600021	上海电力	108 233 234.92	7 002 858 012.74	1.55%
600782	新钢股份	78 135 214.36	8 177 316 763.68	0.96%
000736	ST 重实	53 848 570.46	1 138 610 458.26	4.73%
600556	*ST 北生	53 260 948.24	-984 018 944.98	-5.41%

表 3-10 **对 2008 年净利润影响金额最大的 5 家公司的情况** 单位：元

公司代码	公司简称	对 2008 年净利润影响金额	2008 年净利润总额	占 2008 年净利润比重
000691	*ST 亚太	-170 000 000.00	-221 207 244.18	76.85%
000732	*ST 三农	-107 500 000.00	175 612 084.41	-61.21%
600782	新钢股份	78 135 214.36	788 318 911.99	9.91%
600143	金发科技	68 374 024.53	272 818 808.44	25.06%
600192	长城电工	-34 384 367.45	5 676 872.33	-605.69%

绝大多数公司的前期差错更正事项对于期初净资产以及上期净利润的影响数均为负值，显然更正后期初净资产和上年的净利润都有所下降，但是下降幅度很小，对期初净资产的影响金额占 1 774 家公司 2009 年期初净资产合计的-0.22%；对净利润的影响金额的比例为-3.73%，可见前期差错更正事项没有

影响会计信息的相关性。2010 年 31 家上市公司前期差错更正对期初所有者权益和期初母公司所有者权益分项目的影响数见表 3-11 和表 3-12。

表 3-11　2010 年 31 家上市公司前期差错更正对期初所有者权益的影响数　　单位：元

编号	代码	公司名称	母公司所有者权益	少数股东权益	所有者权益合计
1	000697	＊ST 偏转	-2 870 990.60		-2 870 990.60
2	000976	＊ST 春晖	0		0
3	600234	ST 天龙	2 545 206.50		2 545 206.50
4	600678	ST 金顶	-11 436 181.50		-11 436 181.50
5	600217	ST 秦岭	705 101.26		705 101.26
6	000977	浪潮信息	0		0
7	000710	天兴仪表	136 644.94		136 644.94
8	002504	＊ST 传媒	0		0
9	002047	成霖股份	4 248 252.56		4 248 252.56
10	601991	大唐发电	-75 763.00		-75 763.00
11	000056	深 国 商	-3 007 824.11	-334 202.68	-3 342 026.79
12	600731	湖南海利	-5 386 162.07	-1 086 459.51	-6 472 621.58
13	600091	＊ST 明科	12 768 111.16		12 768 111.16
14	600137	浪莎股份	0		0
15	200160	ST 大路 B	-571 764 226.40		-571 764 226.40
16	000818	＊ST 化工	-15 529 769.32		-15 529 769.32
17	002113	ST 天润	-13 635 236.05		-13 635 236.05
18	002235	安妮股份	-2 334 216.12	-142 790.45	-2 477 006.57
19	002197	证通电子	-10 479 644.42		-10 479 644.42
20	000049	德赛电池	10 131 120.64	7 597 161.16	17 728 281.80
21	000735	罗牛山	-1 807 856.26	-62 855.93	-1 870 712.19
22	600885	＊ST 力阳	-837 619.27	-391 027.56	-1 228 646.83
23	600613	永生投资	2 610 291.61	209 206.78	2 819 498.39
24	000908	＊ST 天一	0		0
25	000805	＊ST 炎黄	1 290 389.77		1 290 389.77
26	000033	新都酒店	1 879 659.90		1 879 659.90
27	002200	绿大地	-642 932.49		-642 932.49
28	600556	＊ST 北生	-1 570 877.83		-1 570 877.83
29	600727	＊ST 鲁北	-539 475 939.93		-539 475 939.93
30	600455	＊ST 博通	7 321 098.74	813 455.42	8 134 554.16
31	600145	＊ST 四维	0		0
合计			-1 137 219 362.29	6 602 487.23	-1 130 616 875.06

2010 年 31 家上市公司前期差错更正对期初所有者权益的影响数为负，合计金额为-1 130 618 875.06 元，约减少 11.3 亿元。其中对期初母公司所有者权益的影响数为负的，合计金额为-1 137 219 362.29 元，约减少 11.37 亿元；对期初少数股

东权益的影响数为正的，合计金额为 6 602 487. 23 元，约增加了 0. 06 亿元。总体来说，前期差错更正减少了前期所有者权益，说明可能存在前期虚增利润来粉饰财务报表的行为，而在本期进行前期差错更正的方法来进行调整。2010 年上市公司前期差错更正对期初母公司所有者权益分项目的影响数见表 3-12。

表 3-12　2010 年上市公司前期差错更正对期初母公司所有者权益分项目的影响数　单位：元

编号	代码	公司名称	资本公积	专项储备	盈余公积	未分配利润
1	000697	*ST 偏转				-2 870 990. 60
2	000976	*ST 春晖				0
3	600234	ST 天龙				2 545 206. 50
4	600678	ST 金顶				-11 436 181. 50
5	600217	ST 秦岭				705 101. 26
6	000977	浪潮信息				0
7	000710	天兴仪表				136 644. 94
8	002504	*ST 传媒				0
9	002047	成霖股份			433 495. 16	3 814 757. 40
10	601991	大唐发电			-7 576	-68 187
11	000056	深 国 商				-3 007 824. 11
12	600731	湖南海利		5 968 648. 57		-11 354 810. 64
13	600091	*ST 明科				12 768 111. 16
14	600137	浪莎股份			-7 001 741. 85	7 001 741. 85
15	200160	ST 大路 B	54 794 298. 73			-626 558 525. 13
16	000818	*ST 化工				-15 529 769. 32
17	002113	ST 天润				-13 635 236. 05
18	002235	安妮股份			-122 800. 92	-2 211 415. 20
19	002197	证通电子				-10 479 644. 42
20	000049	德赛电池				10 131 120. 64
21	000735	罗牛山				-1 807 856. 26
22	600885	*ST 力阳	-43 063. 14			-794 556. 13
23	600613	永生投资				2 610 291. 61
24	000908	*ST 天一	0			
25	000805	*ST 炎黄	1 290 389. 77			
26	000033	新都酒店				1 879 659. 90
27	002200	绿大地			-64 293. 25	-578 639. 24
28	600556	*ST 北生				-1 570 877. 83
29	600727	*ST 鲁北				-539 475 939. 93
30	600455	*ST 博通				7 321 098. 74
31	600145	*ST 四维				0
合计			56 041 625. 36	5 968 648. 57	-6 762 916. 86	-1 192 466 719. 36

2010 年 31 家上市公司前期差错更正对期初母公司所有者权益中资本公积的影响数合计为 56 041 625. 36 元，占总数的 -5%；专项储备的影响数合计为 5 968 648. 57元，占总数的-0. 5%；盈余公积的影响数合计为-6 762 916. 86 元，占总数的 0. 5%；未分配利润的影响数合计为-1 192 466 719. 36 元，占总数的 105%。

前期差错更正对期初母公司所有者权益的影响主要是对未分配利润的影响。

（三）执行过程中存在的问题

1. 重要和非重要差错的划分

重要和非重要差错的划分依据对于不同的公司可能不尽相同，由于某些公司对相关差错重要性与否的划分依据没做相应披露，所以报表使用者无法确知其所披露差错的性质，进而无法判断其所采用的差错处理方法准确与否。

2. 追溯重述法中确定的影响金额

会计差错更正影响金额确定的依据及计算过程没有披露，由于会计报表使用者对会计信息的理解程度不同，可能无法获知差错更正对公司业绩带来的影响，使得信息的利用效率降低。

二、典型案例

（一）＊ST 方向（000757）：没按照准则要求披露前期差错更正

2009 年，公司对前期的会计事项进行了差错更正，前期差错更正影响年初资产总额-134 086 635. 35 元、年初负债总额 34 063 434. 41 元、年初盈余公积-25 345 745. 29元、年初未分配利润-142 543 714. 05 元，年初少数股东权益-260 610. 42元，上年净利润-11 363 368. 32 元。只披露了影响数，未披露是什么事项引起的前期差错。

（二）世纪游轮（00255＊）：会计差错致利润增 300 多万

10 月 19 日，世纪游轮发布《关于对 2012 年度报告进行会计差错更正的公告》称，其 2013 年 7 月 22 日接受中国证券监督管理委员会重庆监管局现场检查。经检查，由于世纪游轮财务基础薄弱，会计核算不规范，对在建工程、预付账款、营业收入、管理费用、营业外支出等的确认、计量不准确，未按《企业会计准则》进行正确会计处理，导致多确认在建工程 343. 74 万元，多确认营业收入 1 052. 03 万元，多确认营业成本 524. 11 万元，多确认管理费用 276. 19 万元及少确认营业外支出 92 万元。

对于上述事项，世纪游轮按照《企业会计准则第 28 号——会计政策、会计估计变更和会计差错》及中国证监会《公开发行证券的公司财务信息的更正及相关披露》相关规定，对 2012 年度财务报表进行更正，调减归属于母公司的净利润 343. 74 万元，调减未分配利润 320. 13 万元，调减盈余公积 23. 81 万元。

“2012 年随着长江新建游轮的集中投放，行业新增了 8 艘游轮，使得市场短期内竞争加剧。”世纪游轮在其 2012 年年报中如是表述。在此背景下，世纪游轮出现诸多会计差错，难免会让人想到其是否是有意为之。

三、思考题

1. 你认为重要和非重要差错的划分依据是什么？

2. 如何正确理解并运用前期差错更正的处理方法？

3. 通过世纪游轮运用会计差错更正操纵利润的案例，如何理解重大差错与舞弊之间的关系？在实务中如何去识别二者？

4. 针对重大会计差错中的可能存在的舞弊现象，我们应采取哪些防范措施？

四、思考题参考思路

1. 重要的前期差错是指足以影响财务报表使用者对企业财务状况、经营成果和现金流量作出正确判断的前期差错。前期差错的重要性取决于在相关环境下对遗漏或错误表述的规模和性质的判断。前期差错所影响的财务报表项目的金额或性质，是判断该前期差错是否具有重要性的决定性因素。一般来说，前期差错所影响的财务报表项目的金额越大、性质越严重，其重要性水平越高。与会计政策变更采用追溯调整法不同，企业应当采用追溯重述法更正重要的前期差错。

在重要性和非重要性划分时，涉及大量的主观判断，在区分时应当考虑这方面的因素。

2. 企业应当采用追溯重述法更正重要的前期差错，但确定前期差错累积影响数不切实可行的除外。追溯重述法是指在发现前期差错时，视同该项前期差错从未发生过，从而对财务报表相关项目进行更正的方法。

（1）不重要的前期差错的处理。

对于不重要的前期差错，企业不需调整财务报表相关项目的期初数，但应调整发现当期与前期相同的相关项目。属于影响损益的，应直接计入本期与上期相同的净损益项目；属于不影响损益的，应调整本期与前期相同的相关项目。

（2）重要的前期差错的处理。

对于重要的前期差错，企业应当在其发现当期的财务报表中，调整前期比较数据。具体地说，企业应当在重要的前期差错发现当期的财务报表中，通过下述处理对其进行追溯更正：①追溯重述差错发生期间列报的前期比较余额；②如果前期差错发生在列报的最早前期之前，则追溯重述列报的最早前期的资产、负债和所有者权益相关项目的期初余额。

对于发生的重要前期差错，如影响损益，应将其对损益的影响数调整发现当期的期初留存收益，财务报表其他相关项目的期初数也应一并调整；如不影响损益，应调整财务报表相关项目的期初数。

在编制比较财务报表时，对于比较财务报表期间的重要前期差错，应调整各该期间的净损益和其他相关项目，视同该差错在产生的当期已经更正；对于比较财务报表期间以前的重要前期差错，应调整比较财务报表最早期间的期初留存收益，财务报表其他相关项目的数字也应一并调整。

确定前期差错影响数不切实可行的，可以从可追溯重述的最早期间开始调整留存收益的期初余额，财务报表其他相关项目的期初余额也应当一并调整，也可以采用未来适用法。

3. 按照企业会计准则的规定，前期差错通常包括计算错误、应用会计政策错误、疏忽曲解事实、舞弊产生的影响以及存货和固定资产盘盈等。可以看出，会计准则将舞弊产生的差错与其他原因产生的差错同等对待，但其实两者是很难区分的，尤其是企业由于某种企图蓄意制造的舞弊而将其披露为失误造成的差错。因此，要区分某些重大的差错是否有蓄意舞弊以达到利润操纵的目的，这就需要追溯差错影响的金额、性质，有时还需要结合企业近几年的经营战略、盈利状况等。会计差错是不可避免的，只要及时更正就可以谅解。但是一些心术不正的上市公司以“会计差错更正”为幌子来进行财务造假，这是我们必须要警惕和识别的地方。

4. 我们应采取的防范措施如下：

（1）强化负责审计上市公司财务报表注册会计师的责任。

上市公司的财务报表只有通过注册会计师的审计后签发审计报告才能对外报出，这样，注册会计师就成了发现和纠正上市公司的重大错报发生的第一道屏障，如果财务报表被审计后，上市公司依然调整该年度的重大会计差错。也就是说，只要上市公司有重大会计差错发生，审计失败就一定跟着发生，除非差错事项已在审计报告中体现，注册会计师已对此发表了恰当意见。

（2）借鉴国际审计准则中关于财务舞弊采取的措施，将财务舞弊导致的重大错报从会计差错中独立出来，单独规范。

安然财务报告造假曝光后，美国注册会计师协会和美国注册舞弊调查师联合会的一起出版了《管理层反舞弊方案和控制：防范和发现舞弊指南》，同时，审计方法也从制度基础审计悄然向风险基础审计变化，并且将管理层的舞弊视为特别风险重点考虑。

主要参考文献及数据来源

[1]《重庆新世纪游轮股份有限公司关于对 2012 年度报告进行会计差错更正的公告》，http：//q. stock. sohu. com/cn，gg，002558，1671933971. shtml.

[2] 上海证券交易所网站，http：//www. sse. com. cn/.

[3] 深圳证券交易所网站，http：//www. szse. cn/.

（本章编写者：褚晗旭　魏燕杰）

第四章

资产负债表日后事项

主要知识点

本章主要知识点见表 4-1。

表 4-1　　本章主要知识点

定义	资产负债表日后事项是指自年度资产负债表日至财务会计报告批准报告日之间发生的需要调整或说明的事项	
分类	资产负债表日后事项包括资产负债表日后调整事项和资产负债表日后非调整事项	
	资产负债表日后调整事项	资产负债表日后非调整事项
	资产负债表日后调整事项，是指对资产负债表日已经存在的情况提供了新的或进一步证据的事项	资产负债表日后非调整事项，是指表明资产负债表日后发生的情况的事项
	(1) 资产负债表日后诉讼案件结案，法院判决证实了企业在资产负债表日已经存在现时义务，需要调整原先确认的与该诉讼案件相关的预计负债，或确认一项新负债； (2) 资产负债表日后取得确凿证据，表明某项资产在资产负债表日发生了减值或者需要调整该项资产原先确认的减值金额； (3) 资产负债表日后进一步确定了资产负债表日前购入资产的成本或售出资产的收入； (4) 资产负债表日后发现了财务报表舞弊或差错	(1) 资产负债表日后发生重大诉讼、仲裁、承诺； (2) 资产负债表日后资产价格、税收政策、外汇汇率发生重大变化； (3) 资产负债表日后发生巨额亏损或因自然灾害导致资产发生重大损失； (4) 资产负债表日后发行股票和债券以及其他巨额举债； (5) 资产负债表日后资本公积转增资本； (6) 分派现金股利或股票股利； (7) 资产负债表日后发生企业合并或处置了公司
会计处理	企业发生的资产负债表日后调整事项，应当调整资产负债表日的财务报表，并通过“以前年度损益调整”科目来调整相应损益科目	企业发生的资产负债表日后非调整事项，不应当调整资产负债表日的财务报表，只需要附注中披露相关情况即可
披露	如果企业在资产负债表日后取得了影响资产负债表日存在情况的新的或进一步的证据，那么应当调整与之相关的披露信息 (1) 财务报告的批准报出者和财务报告批准报出日。按照有关法律、行政法规等规定，企业所有者或其他方面有权对报出的财务报告进行修改的，应当披露这一情况； (2) 每项重要的资产负债表日后非调整事项的性质、内容，及其对财务状况和经营成果的影响。无法做出估计的，应当说明原因	

一、总体执行情况

资产负债表日后事项，是指资产负债表日至财务报告批准报出日之间发生的有利或不利事项。其中财务报告批准报出日，是指董事会或类似机构批准财务报告报出的日期。资产负债表日后事项包括资产负债表日后调整事项和资产负债表日后非调整事项。为了规范资产负债表日后事项的确认、计量和相关信息的披露，财政部根据《企业会计准则——基本准则》，制定《企业会计准则第29号——资产负债表日后事项》。

（一）概要介绍

截至2011年4月30日，披露的2 129家上市公司年报中，发生资产负债表日后事项的上市公司共有1 717家，占上市公司比为80.65%。其中调整事项的为7家——深市5家，沪市2家，占上市公司比为0.33%；非调整事项的有1 710家——深市1 013家，沪市697家，占比80.32%。不存在资产负债表日后事项的上市公司有412家——深市306家，沪市206家，占比为19.35%。可见超过80%的上市公司存在资产负债表日后事项，但仅有7家发生了日后调整事项，而基本都发生了资产负债表日后非调整事项。

截至2012年4月30日，披露的1 997家上市公司年报中，发生资产负债表日后事项的公司共有1 670家，占比为83.63%。其中调整事项的为4家——深市3家，沪市1家，占上市公司比为0.20%；非调整事项的有1 666家——深市1 134家，沪市532家，占比为83.43%。不存在资产负债表日后事项的上市公司有327家——深市208家，沪市119家，占比为16.37%。同样可见超过80%的上市公司存在资产负债表日后事项，但仅有4家发生日后调整事项，而基本都发生资产负债表日后非调整事项。2010—2011年资产负债表日后事项基本执行情况见表4-2。

（二）具体执行情况

1. 日后调整事项执行情况

资产负债表日后诉讼、调整资产减值金额、进一步确定资产负债表日已购入资产的成本或售出资产的收入和财务报表舞弊或差错，是对所编报的财务报表进行调整的主要原因。现将2010年发生日后调整事项的7家公司及2011年发生日后调整事项的4家公司的名单进行列示，见表4-3。

由于2010年发生日后调整事项的公司仅有7家，并且有3家并没有详细披露出具体对财务状况和经营成果的影响，所以现只将2010年发生资产负债表日后调整事项中披露完全的4家公司及2011年详细披露日后调整事项对财务状况和经营成果影响的一家公司列举出来，见表4-4。

表 4-2 **资产负债表日后事项基本执行情况统计表**

年份	项目	深市（家）	沪市（家）	总计（家）	占比（上市公司总数）
2010	存在资产负债表日后调整事项的上市公司	5	2	7	0.33%
	存在资产负债表日后非调整事项的上市公司	1 013	697	1 710	80.32%
	不存在资产负债表日后事项的上市公司	206	206	412	19.35%
2011	存在资产负债表日后调整事项的上市公司	3	1	4	0.20%
	存在资产负债表日后非调整事项的上市公司	1 134	532	1 666	83.43%
	不存在资产负债表日后事项的上市公司	208	119	327	16.37%

表 4-3 **2010 及 2011 年发生资产负债表日后调整事项的公司名单**

年份	序号	公司代码	公司简称	调整原因
2010	1	600389	江山股份	进一步确定了资产负债表日前购入资产的成本或售出资产的收入
	2	001696	宗申动力	资产在资产负债表日发生了减值或者需要调整该项资产原先确认的减值金额
	3	000736	ST 重实	日后诉讼
	4	000936	华西村	日后诉讼
	5	002024	苏宁电器	①资产在资产负债表日发生了减值或者需要调整该项资产原先确认的减值金额； ②进一步确定了资产负债表日前购入资产的成本或售出资产的收入
	6	600617	*ST 联华	日后诉讼
	7	000628	高新发展	资产在资产负债表日发生了减值或者需要调整该项资产原先确认的减值金额
2011	1	002200	*ST 大地	日后诉讼
	2	000009	中国宝安	日后诉讼
	3	000038	*ST 大通	日后诉讼
	4	600617	ST 联华	日后诉讼

表 4-4　　2010 及 2011 年资产负债表日后调整事项情况

年份	公司代码	公司简称	调整原因	内容简介	事项影响	占影响科目比
2010	600389	江山股份	进一步确定了资产负债表日前购入资产的成本或售出资产的收入	收回本公司国有出让土地使用权	减少土地使用权 636.12 万元	2.53%
					增加利润总额 129.88 万元	3.57%
	002024	苏宁电器	资产在资产负债表日发生了减值或者需要调整该项资产原先确认的减值金额	偿还账龄超过一年的大额应付款项	货币资金减少 3 800万元	0.20%
					应付账款减少 3 800万元	0.56%
			进一步确定资产负债表日已购入资产的成本或售出资产的收入	于 2011 年 2 月 9 日和 2 月 10 日收回到期理财产品的本金共计人民币 7 亿元，并转入存款账户	增加货币资金 70 000 万元	3.62%
					减少其他应收款 70 000 万元	71.74%
	600617	* ST 联华	日后诉讼	借款纠纷	影响数 286.64 万元	17.12%
	000628	高新发展	资产在资产负债表日发生了减值或者需要调整该项资产原先确认的减值金额	为成都聚友网络股份有限公司平移债务提供担保	减少预计负债 703 万元	7.27%
					减少营业外支出 703 万元	-225.09%
2011	600617	ST 联华	日后诉讼	连带赔偿责任	影响金额 107.43 万元	6.51%

由表 4-4 可知，江山股份进一步确定了资产负债表日前购入资产的成本或售出资产的收入，收回本公司国有出让土地使用权，减少了资产项目下的土地使用权，并增加了利润总额，占该项目总金额的 3% 左右。苏宁电器资产在资产负债表日发生了减值或者需要调整该项资产原先确认的减值金额偿还账龄超过 1 年的大额应付款项，相应的减少了货币资金和应付账款；进一步确定资产负债表日已购入资产的成本或售出资产的收入，于 2011 年 2 月 9 日和 2 月 10 日收回到期理财产品的本金共计人民币 7 亿元，并转入存款账户，相应地增加了货币资金和减少了其他应收款，其中，其他应收款的影响金额占该项目总额的 70% 以上，

比重较大，值得注意。高新发展资产在资产负债表日发生了减值或者需要调整该项资产原先确认的减值金额，为成都聚友网络股份有限公司平移债务提供担保，相应减少了预计负债和营业外支出。联华 2010 年因为借款纠纷而发生了日后诉讼，2011 年承担了相应的连带赔偿责任。

2. 日后非调整事项执行情况

资产负债表日后非调整事项主要包括：①资产负债表日后发生重大诉讼、仲裁、承诺；②资产负债表日后资产价格、税收政策、外汇汇率发生重大变化；③资产负债表日后发生巨额亏损或因自然灾害导致资产发生重大损失；④资产负债表日后发行股票和债券以及其他巨额举债；⑤资产负债表日后资本公积转增资本；⑥资产负债表日后分派现金股利或股票股利；⑦资产负债表日后发生企业合并或处置子公司等。由于每家公司所发生的资产负债表日后非调整事项往往不只一种，所以不作总计，只纯粹对各种日后非调整事项执行情况作分析，并且由于资产负债表日后事项的披露在企业报表中比较具体、繁冗，因此采集时应自行简化处理，许多具体数据未予披露在该子报告中，而且同一事项中不同公司的披露叙述不尽相同，无法准确将各事项归并为准则中的 7 种情况。现将 2010—2011 年发生的主要资产负债表日后非调整事项分类执行情况做出统计，见表 4-5 和表 4-6。

表 4-5　　2010 年资产负债表日后非调整事项情况

非调整事项种类	公司家数	占总非调整事项公司比例
诉讼、仲裁、承诺、担保	78	4.56%
利润分配预案（股利分派另列）	518	30.29%
对外投资事项	25	1.46%
关联方交易	8	0.47%
发行股票和债券及举债	153	8.95%
资本公积转增资本	50	2.92%
分派现金或股票股利	766	44.80%
企业合并或处置子公司	389	22.75%

由表 4-5 可知，2010 年各项非调整事项的种类对应的公司家数和占总非调整事项公司比例较为显著的有，518 家公司的非调整事项涉及利润分配预案，占总非调整事项公司比例高达 30.29%，766 家公司的非调整事项涉及分派现金股利或股票股利，占总非调整事项公司比例高达 44.80%，389 家公司的非调整事项涉及企业合并或处置子公司，占总非调整事项公司比例为 22.75%。

表 4-6　　2011 年资产负债表日后非调整事项情况

非调整事项种类	公司家数	占总非调整事项公司比例
诉讼、仲裁、承诺、担保	99	5.94%
利润分配预案（含股利分派）	1 112	66.75%
对外投资事项	23	1.38%
关联方交易	10	0.60%
发行股票和债券及举债	264	15.85%
资本公积转增资本	78	4.68%
企业合并或处置子公司	295	17.71%

由表 4-6 可知，2011 年各项非调整事项的种类对应的公司家数和占总非调整事项公司比例较为显著的有：1 112 家公司的非调整事项涉及利润分配预案，占总非调整事项公司比例高达 66.75%，264 家公司的非调整事项涉及发行股票和债券及举债，占总非调整事项公司的比例为 15.85%，295 家公司的非调整事项涉及企业合并或处置子公司，占总非调整事项公司比例为 17.71%。

3. 不存在日后事项公司名单

2010 年没有发生资产负债表日后事项的公司有 412 家，其中深市、沪市各有 206 家；2011 年没有发生资产负债表日后事项的公司有 327 家，其中深市 119 家，沪市 208 家。现将 2010 年深市 206 家公司名单见附录 A，沪市 206 家公司名单见附录 B；2011 年深市 119 家公司名单见附录 C，沪市 208 家公司名单见附录 D。

（三）资产负债表日后事项披露情况

按照会计准则要求，企业在资产负债表日后事项的相关信息披露中应当提供企业财务报告的批准时间以及批准者，同时明确企业的所有者或者是其他相关权利人可以对企业的财务报告进行修改，对于这一情况，企业也应当在资产负债表日后事项的信息披露中进行说明。

同时，企业还应当说明企业的每一项资产负债表日后非调整事项的内容以及性质等，说明它们对于企业财务状况以及企业经营成果的影响，并就关键信息进行说明。对于企业在资产负债表日之后新取得的能够影响到企业资产负债表日相关财务状况的新的证据或者情况，要及时调整与之相关的一系列披露信息，确保信息的准确性。对于已经做出企业会计报表调整的资产负债表日后调整事项，要在企业的报表附注中说明其对于企业财务状况以及经营成果的影响，并说明其中的内容，以此保证会计数据的准确，补充和完善企业财务报表中的数据。相应地，对于企业在资产负债表日后事项中难以准确评价、估计其对企业财务状况造成影响的事项，应当在企业资产负债表附注中说明无法进行准确估计的原因。

上市公司的披露基本符合准则要求，相关信息披露充分而且规范。我们只能从已披露的上市公司中得知其是否存在资产负债表日后事项，对于是否存在发生了资产负债表日后事项但不给予披露的公司，我们无从得知。

（四）执行中存在的问题及建议

1. 财务报告批准报出日与相关日期的混淆

在企业会计准则中，资产负债表日后时期是指年度资产负债表日至财务报告批准日之间的这段时间，年度资产负债表日是每年的 12 月 31 日，日后时期从次年 1 月 1 日起；财务报告批准日是指董事会批准财务报告的日期。在这一期间，对于上市公司来说，涉及几个相关的时间：财务报告编制日、注册会计师出具审计报告日、董事会批准财务报告对外公布日、实际对外公布日等。其中，完成财务报表编制日是指单位负责人、会计主管等在财务报告上签字的日期，注册会计师提交审计报告日，是注册会计师对上市公司的会计报告进行审计，由于完成外勤工作收集审计证据一般截至资产负债表日，而在这段时间可能会出现新的证据，影响到报告的反映的财务状况、经营成果，所以注册会计师必须对期后事项进行审计，来确定是否需要调整财务报表及对报表附注加以披露。如果在董事会批准财务报告日与实际公布日之间不一致，期间发生需对报表进行调整或在报表附注中进行披露的事项，应在相应会计处理之后，再次提交董事会批准，所以应以再次批准财务报告对外公布的日期为截止日期。

2. 调整事项与非调整事项的混淆

如何确定资产负债表日后发生的某一事项是调整事项还是非调整事项，是合理运用会计准则的关键，也是实际操作中的一大难点。有的财会人员不是将调整事项当作非调整事项来处理，就是把非调整事项当作调整事项来处理。具体来说，实务中，人们经常发生三个方面的混淆。

第一，概念上的混淆。有些财会人员认为资产负债表日后发生的同一性质的事项，要么就是调整事项，要么就是非调整事项。这种看法是不恰当的，事实上同一性质的事项，其中有的是调整事项，有的是非调整事项。这取决于有关情况是在资产负债表日（或资产负债表日以前）存在，还是在资产负债表日以后存在或发生。第二，范围上的混淆。一些财会人员认为调整事项或非调整事项所包含的范围仅局限于会计准则中所列举的例子，这是不对的。实际操作中应该按调整事项或非调整事项的定义确定范围，而不是仅局限于准则所列举的例子来确定范围。第三，时间上的混淆。就是在确认某一资产负债表日后事项是否属于调整事项的过程中，将财务报告年度前与财务报告年度这两个时间相混淆。资产负债表日后的调整事项既有资产负债表所属期间的事项，又有资产负债表以前期间存在的事项。

3. 资产负债表日后事项会计处理问题

对于调整事项，根据会计准则规定：其会计处理原则为“应视同该事项发生在报告年度一样进行会计处理”。对调整事项的会计处理：①涉及损益的事项，通过“以前年度损益调整”科目核算。该科目贷方登记：调整减少以前年度亏损的事项或增加以前年度利润的事项；该科目借方登记：调整增加以前年度亏损或调整减少以前年度利润的事项，余额转入利润“利润分配——未分配利润”科目。②同时还要考虑对所得税的影响：如果调整的会计事项发生在所得税汇算清缴前，则应该调整“应交税费——应交所得税”科目；若发生在所得税汇算清缴之后，则可能调整递延所得税项目。③涉及利润分配调整事项的，直接在“利润分配——未分配利润”科目中核算。相应增加或减少盈余公积的计提。既不涉及损益又不涉及利润分配的事项，直接调整相关科目。

在处理所得税这一问题时需要引起足够重视，如果企业已经办理纳税申报，但尚未超过税务局规定的汇算清缴截止日，则按调整后的财务报表重新计算报告年度的应纳税所得额，重新办理纳税申报。而现在很多企业在所得税汇算清缴后，调整事项对应纳税所得额的影响，作为暂时性差异，记入了“递延所得税资产或递延所得税负债”科目，该做法不妥，因为税务局规定的所得税汇算清缴期满截止日为报告年度次年的 5 月 31 日，而上市公司通常情况下财务报告最后截止报出日期为报告年度次年的 4 月 30 日，所以汇算清缴截止日一般在财务报告批准报出日之后。所以需要重新计算应纳税所得额并重新办理纳税申报，直接通过“应交税费”科目即可。

对于非调整事项，由于发生在资产负债表日后，不应调整报告期的财务报告。对那些重要的非调整事项，对日后的财务报告有重要影响，将对报告使用者做出的估计与决策产生不利影响，应在报表附注中根据非调整事项的性质、内容及对财务报告的影响加以披露。

4. 资产负债表日后事项的披露问题

很多企业并没有按照会计准则规定的那样详实地披露日后事项的内容、性质及对企业财务状况和经营成果的影响，而仅仅是披露了事项内容，尤其是日后非调整事项的披露不够充实、规范。有些企业甚至对于发生的资产负债表日后事项进行隐瞒，不向审计人员透露。致使很多重要的资产负债表日后事项无法得到充分披露，尤其是具有重大影响的资产负债表日后非调整事项，进而影响信息使用者的决策。

二、典型案例

（一）资产负债表日后调整事项案例

1. 华西村——日后诉讼案例

2007 年 12 月，本公司与舟山永翔海运有限公司（以下简称“永翔公司”）

签订《98 海运合作协议》，约定永翔公司为本公司运输煤炭，对运输价格、违约责任等进行了明确，特别约定每次运输须签订航次租船合同；海运合作协议签订后，本公司未与永翔公司签订航次租船合同，无履行海运合作协议进行业务往来的书证。2009 年 7 月，永翔公司起诉本公司，要求本公司支付其待航费等 2 364.38万元。从永翔公司提供的证据中发现其与江苏华西化工贸易公司（以下简称“化工贸易公司”）进行海运往来的票据，后化工贸易公司作为第三人申请参加诉讼。化工贸易公司参加诉讼后提供了其与永翔公司海运往来的付款、发票、收货等书证，化工贸易公司与永翔公司提供的书证一致。2011 年 2 月，本公司与永翔公司、化工贸易公司签订《和解协议书》，化工贸易公司向永翔公司支付违约金 500 万元，扣除化工贸易公司已预支付的 324.70 万元，化工贸易公司还应向永翔公司支付 175.30 万元，该款项在本协议签订时一次性付清；化工贸易公司履行上述义务后，上述案件全部了结，本公司与永翔公司、化工贸易公司三方之间再无其他未了事宜。

2. 高新发展——调整减值金额案例

2011 年 1 月 29 日，公司 2011 年第一次临时股东大会审议通过《关于为成都聚友网络股份有限公司平移债务提供担保的预案》，同意在公司原为成都聚友网络股份有限公司提供担保的范围内，为成都聚友网络股份有限公司平移至承债人北京康博恒智科技有限责任公司的金额合计为 9916 万元的贷款提供担保，并同意就该担保事项授权董事会与相关债权人或其指定的第三方协商并视具体情况签署相关附条件生效的法律文件。

2011 年 2 月 24 日、3 月 2 日和 3 月 31 日，本公司分别收到招商银行股份有限公司成都分行、中国长城资产管理公司成都办事处和中国农业银行股份有限公司向成都聚友网络股份有限公司出具的免息通知函，上述单位免除了截至 2010 年 12 月 31 日成都聚友网络股份有限公司全部欠付利息。

基于本公司于资产负债表日后获得新的证据，证实了需要调整原确认的预计负债金额，本公司按最新担保余额 9 674 万元预计担保损失，并调减了资产负债表日预计负债金额 703 万元，同时调减了 2010 年度的营业外支出 703 万元。

3. 江山股份——进一步确定购入资产成本案例

2010 年 12 月 16 日，南通市国土资源局同意收回本公司位于江山路北、江堤东 19 061.62 平方米国有出让土地使用权，本公司与南通市经济技术开发区管理委员会签署协议，补偿总价 766 万元，2011 年 1 月 8 日，双方签署土地交割单，本公司于 2011 年 1 月 11 日完成土地证分割，并于 2011 年 1 月 25 日收到补偿款 766 万元。对财务状况和经营成果的影响为减少账面土地使用权价值 6 361 152.53元，增加利润总额 1 298 847.47 元。

（二）资产负债表日后非调整事项案例

1. 中国医药——重大诉讼和仲裁

2002 年 3 月 5 日，通用美康与倍德华君（后更名为“华润五丰行贸易有限责任公司”）签订协议，由通用美康为其进口医疗设备。协议签订后，通用美康严格按照协议约定，为倍德华君进口了一系列医疗设备，并垫付了进口货款、进口关税、增值税及银行手续费等各类款项，而倍德华君却未及时清偿，至今仍有 5 806 958.86 元人民币未予支付。经多次协商未果，通用美康于 2011 年 2 月 16 日向北京市东城区人民法院提起诉讼，目前，法院已正式受理本案。由于本次诉讼涉及的事项为公司以前年度遗留事项，通用美康已对诉讼事项计提坏账准备，预计不会对公司的经营或财务状况产生重大影响。

2. 先锋新材——发行股票案例

经《中国证券监督管理委员会——证监许可［2010］1836 号文》核准，公司于 2011 年 1 月 4 日采用网下向配售对象询价配售和网上向社会公众投资者定价发行相结合的方式，公开发行股票人民币普通股 20 000 000 股，公开发行股票的人民币普通股每股面值 1.00 元，每股发行价为人民币 26.00 元。2011 年 1 月 7 日，实际募集资金总额为人民币 520 000 000.00 元，扣除承销费、保荐费、推介宣传费、审计及验资费、律师费、信息披露费、登记费、上市初费、鉴证费等发行费用合计人民币 34 601 503.72 元后，募集资金金额为人民币 485 398 496.28 元，其中增加股本 20 000 000.00 元，增加资本公积人民币 465 398 496.28 元。上述发行后，公司注册资本变更为 79 000 000 元，已经《武汉众环会计师事务所有限责任公司——众环验资（2011）003 号验资报告》验证确认，相关变更手续于 2011 年 2 月 17 日完成。

3. 天威保变——日后事项案例

（1）利润分配预案

根据公司 2011 年 2 月 26 日召开的第四届董事会第二十五次会议通过的 2010 年度利润分配预案：公司本年度拟以 2010 年末总股本 1 168 000 000 股为基数，每 10 股派现金股利 2 元（含税），共计分配 233 600 000 元。

（2）新增贷款

资产负债表日至年度报告报出日前，公司新增信用借款 10 000 万元；新增保证借款 3 000 万元，由保定天威集团有限公司提供担保。

（3）对外担保

资产负债表日至年度报告报出日前，公司新增对参股子公司乐山乐电天威硅业科技有限责任公司提供担保 8 820 万元。

4. 盛运股份——资本公积转增资本

本公司 2011 年 3 月 13 日董事会决议通过 2010 年度的利润分配议案，2010

年度公司母公司实现净利润人民币 46 241 854.44 元。根据《公司法》和《公司章程》的有关规定，按 2010 年度母公司实现净利润的 10% 提取法定盈余公积金 4 624 185.44 元，加上年初未分配利润 12 396 544.14 元，年末可供股东分配的利润为 17 020 729.58 元。本公司拟以 2010 年 12 月 31 日的总股本 127 636 085.00股为基数，按每 10 股以资本公积转增 10 股的方式，共计派发股票股利 127 636 085.00 股，剩余未分配利润结转到以后年度。本议案尚需提交 2010 年度股东大会审议。

5. 雷鸣科化——吸收合并

根据本公司 2012 年 1 月 20 日第五届董事会第四次会议审议通过的《关于安徽雷鸣科化股份有限公司吸收合并湖南西部民爆股份有限公司的预案》，本公司拟通过向湖南西部民爆股份有限公司（以下简称“西部民爆”）股东发行股份的方式吸收合并西部民爆。本次吸收合并的股份发行价格为公司审议吸收合并事宜的首次董事会决议公告日（定价基准日）前 20 个交易日公司股票的交易均价，即 13.06 元/股，根据安徽国信资产评估有限公司对西部民爆以 2011 年 9 月 30 日为基准日的资产预评估结果，西部民爆净资产预估值为 5.9 亿元，本公司拟发行股票数量为 4 518 万股（最终发行数量以中国证监会的核准文件为准）。

6. 东方通信——处置清算子公司

本公司子公司杭州东信移动电话有限公司根据董事会会议决定 2011 年对杭州东信移动电话有限公司进行清算。清算原因为摩托罗拉在全球范围内退出机顶盒市场。2010 年下半年开始杭州东信移动电话有限公司的业务逐步缩小直至停产，并开始逐步转移和辞退员工，相关的固定资产按市场价值处置。杭州东信移动电话有限公司 2011 年 11 月 11 日召开的年度董事会对公司清算的相关事项进行了确认，预计将于 2012 年 12 月底之前完成清算，公司全部员工已经解散，员工辞退费已经按照相关劳动法支付完毕，目前公司正在对厂房进行评估。

7. 欧亚集团——拟分派现金股利及股票股利

根据公司 2012 年 4 月 11 日第六届二十六次董事会审议通过的 2011 年度利润分配预案，拟按 2011 年度公司实现的净利润，以 2011 年年末总股本 159 088 075股为基数，每 10 股拟派发现金股利 3.00 元（含税），共拟派发普通股股利 47 726 422.50 元。

（三）资产负债表日后事项会计处理案例

1. 高新发展——日后减值调整

基于本公司于资产负债表日后获得新的证据，证实了需要调整原确认的预计负债金额，本公司按最新担保余额 9 674 万元预计担保损失，并调减了资产负债表日预计负债金额 703 万元，同时调减了 2010 年度的营业外支出 703 万元。案例背景见资产负债表日后调整事项案例中“高新发展——调整减值金额案例”。

①2010 年，在得知被担保人——成都聚友网络股份有限公司不能支付巨额利息时，作为担保人高新发展公司确认预计负债 703 万元。

借：营业外支出　　7 030 000

　贷：预计负债　　7 030 000

②2011 年 2 月 24 日、3 月 2 和 3 月 31 日分别收到各大银行对向成都聚友网络股份有限公司出具的免息通知函，上述单位免除了截至 2010 年 12 月 31 日成都聚友网络股份有限公司全部欠付利息。资产在资产负债表日发生了减值或者需要调整该项资产原先确认的减值金额，所以需要作抵消调整。涉及损益时，资产负债表日后调整分录需通过“以前年度损益调整”这一科目。

借：预计负债　　7 030 000

　贷：以前年度损益调整　　7 030 000

③结转“以前年度损益调整”科目并调整盈余公积，所以有：

借：以前年度损益调整　　7 030 000

　贷：利润分配——未分配利润　　7 030 000

借：利润分配——未分配利润　　703 000

　贷：盈余公积——法定盈余公积　　703 000

2. ST 大地——日后诉讼仲裁非调整

ST 大地 2013 年 2 月 7 日，公司收到昆明市中级人民法院《刑事判决书》（［2012］昆刑一初字第 73 号）。一审判决绿大地公司犯欺诈发行股票罪，判处罚金人民币一千万元；犯伪造金融票证罪，判处罚金人民币二十万元；犯故意销毁凭证罪，判处罚金人民币二十万元；决定执行罚金人民币一千零四十万元。2013 年 4 月 3 日，公司收到云南省高级人民法院《刑事裁定书》（［2013］云高刑终字第 365 号），终审裁定：维持昆明市中级人民法院《刑事判决书》（［2012］昆刑一初字第 73 号）判决。

经判断此事项属于资产负债表日后非调整事项，所以只需在报表附注中披露其性质、内容及对财务报告的影响即可。

（四）案例披露存在的问题及建议

1. 宗申动力——日后调整案例

截至 2011 年 2 月 26 日，本公司及其子公司与宗申产业集团有限公司等单位发生的土地转让，已办理完产权过户手续，该交易事项作为期后调整事项，其交易以及产生的损益已反映在本公司 2010 年度财务报表中。

以上为宗申动力 2010 年报中揭示的本公司该年度所发生的关于资产在资产负债表日发生了减值或者需要调整该项资产原先确认的减值金额这一日后调整事项。由此可知案例存在明显披露不足问题，内容都很不齐全，甚至对财务状况和经营成果的影响科目及金额都未披露。人们对于具体事件的来龙去脉更是无从得知，不符合准则规定的披露要求。是否存在舞弊造假行为人们根本无法知晓，所以应当规定企业至少还应如实披露金额的具体分析计算过程，以保证信息的准确性。

2. 中国宝安——日后非调整案例

中国宝安2012年发生的资产负债表日后非调整事项，如根据本公司2013年4月27日第十一届董事局第三十五次会议通过的利润分配预案，2012年度本公司拟以2012年年末总股本1 090 750 529股为基数，向全体股东以每10股送1股转增0.5股并派发现金股利0.3元（含税）的方式，派发现金红利总额为32 722 515.87元。该预案需经公司股东大会审议。

本年共披露五件非调整事项，其2012年报中均只详实披露事件发生的内容，其他如发生性质及对企业财务状况和经营成果的影响只字未提。远远没有达到准则所规定的披露要求。应当严格按照准则中所规定的，在年报附注中详实披露出资产负债表日后非调整事项的性质、内容，及其对财务状况和经营成果的影响。无法做出估计的，应当说明原因。不能视准则为摆设，随意缩减内容，以更好地为信息使用者服务。

三、思考题

1. 如何区分资产负债表日后调整事项及非调整事项？两者又分别包括哪些事件，试列举一二？

2. A上市公司2013年的年度财务报告于2014年2月1日编制完成，注册会计师完成年度财务报表的审计工作，签署审计报告的日期为2014年4月9日，经董事会批准财务报告于4月15日对外公布，财务报告实际对外公布的日期为4月20日，股东大会召开日期为2014年5月11日。试分析资产负债表日后事项所涵盖的具体区间。

3. 试探究准则执行过程及典型案例分析中存在的问题及相应建议。

4. 甲公司无力偿还到期的8 000万元长期借款，银行按担保协议的规定要求担保方——乙公司承担连带偿还责任。在协商未果的情况下，银行于2010年12月13日将乙公司告至法院。2011年1月18日，法院一审判决乙公司向银行支付该笔借款本息。乙公司申辩自己并未向甲公司提供担保，担保合同中的公章及法人代表的签名均系伪造，并于接到判决后立即上诉。乙公司2011年2月28日取得司法部门认定的鉴定机构出具的鉴定报告，鉴定结果为：担保合同中使用的公章与乙公司提供的公章不一致、合同中法人代表签名的名字与乙公司法人代表相同但笔迹不符。法院受理了乙公司的上诉，案件进入二审程序。至财务会计报告批准报出日前，二审法院尚未作出终审判决。试探讨乙公司应将此事项作为资产负债表日后事项中的哪一类？

四、思考题参考思路

1. 资产负债表日后事项是指自年度资产负债表日至财务会计报告批准报告日之间发生的需要调整或说明的事项。资产负债表日后事项包括资产负债表日后调整事项和资产负债表日后非调整事项。其中资产负债表日后调整事项，是指对资产负债表日已经存在的情况提供了新的或进一步证据的事项。资产负债表日后非调整事项，是指表明资产负债表日后发生的情况的事项。资产负债表日后调整事项又可进一步细分为日后诉讼、调整资产减值金额、进一步确定资产负债表日已购入资产的成本或售出资产的收入和财务报表舞弊或差错等。资产负债表日后非调整事项主要包括资产负债表日后发生重大诉讼、仲裁、承诺；资产负债表日后资产价格、税收政策、外汇汇率发生重大变化；资产负债表日后因自然灾害导致资产发生重大损失；资产负债表日后发行股票和债券以及其他巨额举债；资产负债表日后资本公积转增资本；资产负债表日后发生巨额亏损；资产负债表日后发生企业合并或处置子公司等。

2. 在企业会计准则中，资产负债表日后时期是指年度资产负债表日至财务报告批准日之间。财务报告批准日是指董事会批准财务报告的日期，所以 A 公司 2013 年度财务报告资产负债表日后事项涵盖的期间为 2014 年 1 月 1 日至 2014 年 4 月 15 日。假设需调整财务报告相关数字或需在财务报表附注中披露。经调整或说明后的财务报告再经董事会批准报出的日期为 2014 年 4 月 24 日，实际报出的日期为 2014 年 4 月 28 日，则资产负债表日后事项涵盖的期间为 2014 年 1 月 1 日到 2014 年 4 月 24 日。

3. 存在的问题主要有：（1）财务报告批准报出日与相关日期的混淆；（2）调整事项与非调整事项的混淆；（3）资产负债表日后事项会计处理欠规范；（4）资产负债表日后事项的披露不足等问题。具体问题及建议请参考本书正文部分。

4. 注册会计师认为，该未决诉讼事项由于在日后期间出现了新的证据，应属于资产负债表日后调整事项，在报表内确认一项预计负债。对于乙公司提供的司法鉴定，注册会计师认为，尽管司法鉴定是一审判决后取得的新证据，但其法律效力弱于法院判决。司法鉴定效力的发挥取决于二审法院能否对其予以采信。注册会计师对一审判决结果和司法鉴定进行权衡后认为：一审判决是更为确凿的据，依据一审判决应将该事项作为调整事项在表内确认一项预计负债。乙公司认为法院终审判决之前，双方的权利义务是不确定的，应以法院的终审判决作为确定双方当事人权利义务的依据。根据此案件当前的情况，无法判断新出现的事项是否会影响资产负债表日报表项目金额的重新估计，乙公司管理层认为仍未出现能够证实需要更改资产负债表日报表数据的有力证据。而且尽管一审判决结果已出，但乙公司已取得司法鉴定并提起上诉，上诉申请并未被驳回，而是被法院受理，说明与一审判决相比，事情向着有利于乙公司的方向发展。在收到终审判决结果之前，乙公司当前承担的仅仅是一项潜在义务，而不是现时义务，而且根据当前的情况无法做出这一潜在义务“很可能”转化为现时义务并导致经济利益流出企业的判断。所以不能确认为一项预计负债，只能作为非调整事项披露即可。

主要参考文献及数据来源

[1] 张腾．资产负债表日后事项若干问题探讨［J］．行政事业资产与财务，2011（2）．

[2] 刘翠莲．资产负债表日后事项会计处理方法探讨［J］．价值工程，2013（4）．

[3] 唐敏．销售退回商品成本变化会计处理例析——基于资产负债表日后事项［J］．财会通讯，2009（2）．

[4] 韩乃晶．企业资产负债表日后事项调整的探讨［J］．财会探析，2013（30）．

[5] 财政部会计司课题组．企业会计准则实现连续四年平稳有效——我国上市公司 2010 年执行企业会计准则情况分析报告［R］．会计研究，2011（10）．

[6] 陈晓华．关于资产负债表日后事项的研究［J］．全国商情（理论研究），2013（19）．

[7] 杨有红．关于完善《或有事项》和《资产负债日后事项》准则的几点建议——一桩未决诉讼案件引起的思考［J］．北京工商大学学报，2012（1）．

[8] 易佩富．《企业会计准则——资产负债表日后事项》执行中的几个问题［J］．中国乡镇企业会计，2004（7）．

附录

附录 4-A　　2010 年沪市不存在资产负债表日后事项的公司名单

序号	股票代码	股票名称	序号	股票代码	股票名称	序号	股票代码	股票名称
1	600892	ST 宝诚	41	600022	济南钢铁	81	600506	ST 香梨
2	600855	航天长峰	42	600027	华电国际	82	600510	黑牡丹
3	600335	鼎盛天工	43	600039	四川路桥	83	600515	*ST 筑信
4	600139	西部资源	44	600070	浙江富润	84	600551	时代出版

续表

序号	股票代码	股票名称	序号	股票代码	股票名称	序号	股票代码	股票名称
5	600130	ST 波导	45	600071	凤凰光学	85	600583	海油工程
6	600057	＊ST 夏新	46	600075	新疆天业	86	600588	用友软件
7	600403	欣网视讯	47	600086	东方金钰	87	600597	光明乳业
8	600552	方兴科技	48	600093	禾嘉股份	88	600615	丰华股份
9	600516	方大炭素	49	600115	东方航空	89	600616	金枫酒业
10	600206	有研硅股	50	600117	西宁特钢	90	600630	龙头股份
11	600706	ST 长信	51	600127	金健米业	91	600637	广电信息
12	600794	保税科技	52	600128	弘业股份	92	600643	爱建股份
13	600873	五洲明珠	53	600133	东湖高新	93	600650	锦江投资
14	600879	航天电子	54	600156	华升股份	94	600654	飞乐股份
15	600161	天坛生物	55	600158	中体产业	95	600657	信达地产
16	600179	＊ST 黑化	56	600171	上海贝岭	96	600680	上海普天
17	600241	时代万恒	57	600184	光电股份	97	600688	上海石化
18	600246	万通地产	58	600185	格力地产	98	600692	亚通股份
19	600248	延长化建	59	600192	长城电工	99	600716	凤凰股份
20	600253	天方药业	60	600218	全柴动力	100	600717	天津港
21	600265	景谷林业	61	600229	青岛碱业	101	600723	西单商场
22	600277	亿利能源	62	600237	铜峰电子	102	600746	江苏索普
23	600319	亚星化学	63	600242	ST 华龙	103	600756	浪潮软件
24	600390	金瑞科技	64	600278	东方创业	104	600758	红阳能源
25	600423	柳化股份	65	600301	＊ST 南化	105	600768	宁波富邦
26	600435	中兵光电	66	600302	标准股份	106	600773	西藏城投
27	600562	＊ST 高陶	67	600305	恒顺醋业	107	600774	汉商集团
28	600565	迪马股份	68	600315	上海家化	108	600781	上海辅仁
29	600579	ST 黄海	69	600317	营口港	109	600806	昆明机床
30	600618	氯碱化工	70	600326	西藏天路	110	600818	中路股份
31	600626	申达股份	71	600332	广州药业	111	600859	王府井
32	600681	S＊ST 万鸿	72	600370	三房巷	112	600874	创业环保

续表

序号	股票代码	股票名称	序号	股票代码	股票名称	序号	股票代码	股票名称
33	600722	*ST 金化	73	600372	ST 昌河	113	600875	东方电气
34	600757	*ST 源发	74	600386	北巴传媒	114	600890	ST 中房
35	600869	三普药业	75	600426	华鲁恒升	115	600985	雷鸣科化
36	600898	*ST 三联	76	600452	涪陵电力	116	600988	*ST 宝龙
37	600961	株冶集团	77	600462	*ST 石岘	117	600995	文山电力
38	600984	*ST 建机	78	600482	风帆股份	118	601107	四川成渝
39	600010	包钢股份	79	600483	福建南纺	119	601126	四方股份
40	600021	上海电力	80	600502	安徽水利	120	601158	重庆水务
121	601398	工商银行	151	002033	丽江旅游	181	002395	双象股份
122	601601	中国太保	152	002035	华帝股份	182	002399	海普瑞
123	601717	郑煤机	153	002039	黔源电力	183	002414	高德红外
124	601766	中国南车	154	002058	威尔泰	184	002457	青龙管业
125	601801	皖新传媒	155	002059	云南旅游	185	002462	嘉事堂
126	601918	国投新集	156	002073	软控股份	186	002501	利源铝业
127	601939	建设银行	157	002077	大港股份	187	002507	涪陵榨菜
128	900950	新城 B 股	158	002086	东方海洋	188	002513	蓝丰生化
129	900953	凯马 B	159	002092	中泰化学	189	002549	凯美特气
130	600282	南钢股份	160	002094	青岛金王	190	002591	恒大高新
131	600378	天科股份	161	002119	康强电子	191	002592	八菱科技
132	600397	安源股份	162	002123	荣信股份	192	002594	比亚迪
133	600563	法拉电子	163	002127	新民科技	193	002632	道明光学
134	600648	外高桥	164	002161	远望谷	194	200045	深纺织 B
135	600982	宁波电器	165	002162	斯米克	195	200413	东旭 B
136	600005	武钢股份	166	002169	智光电气	196	200468	宁通信 B
137	600036	招商银行	167	002177	御银股份	197	200992	中鲁 B
138	600076	ST 华光	168	002185	华天科技	198	300003	乐普医疗
139	600094	*ST 华源	169	002192	路翔股份	199	300007	汉威电子
140	600109	国金证券	170	002214	大立科技	200	300020	银江股份

续表

序号	股票代码	股票名称	序号	股票代码	股票名称	序号	股票代码	股票名称
141	600112	长征电气	171	002240	威华股份	201	300023	宝德股份
142	600135	乐凯胶片	172	002265	西仪股份	202	300034	钢研高纳
143	600148	长春一东	173	002295	精艺股份	203	300039	上海凯宝
144	600167	联美控股	174	002297	博云新材	204	300064	豫金刚石
145	600175	美都控股	175	002303	美盈森	205	300084	海默科技
146	600180	*ST 九发	176	002314	雅致股份	206	300090	盛运股份
147	600191	华资实业	177	002359	齐星铁塔	207	300092	科新机电
148	600193	创兴置业	178	002364	中恒电气	208	300107	建新股份
149	600222	太龙药业	179	002373	联信永益	—	—	—
150	600240	华业地产	180	002392	北京利尔	—	—	—

附录 4-B　2010 年深市不存在资产负债表日后事项的公司名单（部分）

序号	股票代码	股票名称	序号	股票代码	股票名称	序号	股票代码	股票名称
1	000930	丰原生化	51	002120	新海股份	101	000796	易食股份
2	000687	保定天鹅	52	002128	露天煤业	102	000797	中国武夷
3	000566	海南海药	53	002366	丹甫股份	103	000803	金宇车城
4	000513	丽珠集团	54	002431	棕榈园林	104	000805	*ST 炎黄
5	000410	沈阳机床	55	300050	世纪鼎利	105	000829	天音控股
6	000034	ST 深泰	56	300122	智飞生物	106	000838	国兴地产
7	000008	ST 宝利来	57	300176	鸿特精密	107	000899	赣能股份
8	000001	深发展 A	58	000018	ST 中冠 A	108	000923	河北宣工
9	000426	富龙热电	59	000020	深华发 A	109	000928	中钢吉炭
10	000430	ST 张股	60	000036	华联控股	110	000953	*ST 河化
11	000537	广宇发展	61	000038	*ST 大通	111	000958	*ST 东热
12	000563	陕国投 A	62	000049	德赛电池	112	000961	中南建设
13	000620	圣方科技	63	000155	川化股份	113	000966	长源电力
14	000665	武汉塑料	64	000403	S*ST 生化	114	000981	S*ST 兰光
15	000799	酒鬼酒	65	000408	*ST 金谷	115	002051	中工国际
16	000856	ST 唐陶	66	000413	宝石 A	116	002073	软控股份

续表

序号	股票代码	股票名称	序号	股票代码	股票名称	序号	股票代码	股票名称
17	000955	ST 欣龙	67	000498	* ST 丹化	117	002086	东方海洋
18	300064	豫金刚石	68	000545	吉林制药	118	002093	国脉科技
19	300048	合康变频	69	000554	泰山石油	119	002105	信隆实业
20	002297	博云新材	70	000567	海德股份	120	002112	三变科技
21	002282	博深工具	71	000572	海马股份	121	002139	拓邦股份
22	002240	威华股份	72	000582	北 海 港	122	002145	* ST 钛白
23	002020	京新药业	73	000590	紫光古汉	123	002166	莱茵生物
24	002138	顺络电子	74	000593	大通燃气	124	002167	东方锆业
25	002226	江南化工	75	000603	* ST 威达	125	002175	广陆数测
26	002249	大洋电器	76	000605	ST 四 环	126	002190	成飞集成
27	002250	联化科技	77	000610	西安旅游	127	002219	独 一 味
28	002185	华天科技	78	000611	时代科技	128	002237	恒邦股份
29	002006	精工科技	79	000613	ST 东海 A	129	002287	奇正藏药
30	002161	远望谷	80	000622	S * ST 恒立	130	002330	得利斯
31	002220	天宝股份	81	000626	如意集团	131	002358	森源电气
32	002263	大东南	82	000627	天茂集团	132	002377	国创高新
33	002283	天润曲轴	83	000638	万方地产	133	002416	爱施德
34	002479	富春环保	84	000672	* ST 铜城	134	002452	长高集团
35	300134	大富科技	85	000678	襄阳轴承	135	002462	嘉事堂
36	000521	美菱电器	86	000698	沈阳化工	136	002482	广田股份
37	000578	盐湖集团	87	000702	正虹科技	137	002500	山西证券
38	000606	青海明胶	88	000709	河北钢铁	138	002507	涪陵榨菜
39	000629	* ST 钒钛	89	000717	韶钢松山	139	002509	天广消防
40	000657	* ST 中钨	90	000719	S * ST 鑫安	140	002553	南方轴承
41	000768	西飞国际	91	000720	ST 能山	141	200054	建 摩 B
42	000792	盐湖钾肥	92	000723	美锦能源	142	200160	ST 大路 B
43	000889	渤海物流	93	000732	ST 三农	143	200770	* ST 武锅 B
44	000901	航天科技	94	000733	振华科技	144	300054	鼎龙股份

续表

序号	股票代码	股票名称	序号	股票代码	股票名称	序号	股票代码	股票名称
45	000918	嘉凯城	95	000737	南风化工	145	300075	数字政通
46	000922	＊ST 阿继	96	000751	锌业股份	146	300081	恒信移动
47	000965	天保基建	97	000757	＊ST 方向	147	300089	长城集团
48	000973	佛塑股份	98	000758	中色股份	148	300094	国联水产
49	002063	远光软件	99	000760	＊ST 博盈	149	300189	神农大丰
50	002107	沃华医药	100	000776	广发证券	—	—	—

附录 4-C　　2011 年沪市不存在资产负债表日后事项的公司名单

序号	股票代码	股票名称	序号	股票代码	股票名称	序号	股票代码	股票名称
1	600281	太化股份	41	601688	华泰证券	81	600873	五洲明珠
2	600301	＊ST 南化	42	601798	蓝科高新	82	600874	创业环保
3	600305	恒顺醋业	43	601929	吉视传媒	83	600879	航天电子
4	600328	兰太实业	44	601999	出版传媒	84	600882	大成股份
5	600358	国旅联合	45	900956	东贝 B 股	85	600890	ST 中房
6	600367	红星发展	46	600629	凌光实业	86	600894	广钢股份
7	600385	ST 金泰	47	600630	龙头股份	87	600898	＊ST 三联
8	600476	湘邮科技	48	600654	飞乐股份	88	600961	株冶集团
9	600510	黑牡丹	49	600655	豫园商城	89	600965	福成五丰
10	600537	海通集团	50	600657	信达地产	90	600967	北方创业
11	600546	山煤国际	51	600666	西南药业	91	600976	武汉健民
12	600556	＊ST 北生	52	600678	ST 金顶	92	600995	文山电力
13	600598	北大荒	53	600691	＊ST 东碳	93	601111	中国国航
14	600613	永生投资	54	600696	多伦股份	94	601188	龙江交通
15	600614	鼎立股份	55	600699	＊ST 得亨	95	601199	江南水务
16	600684	珠江实业	56	600705	S＊ST 北亚	96	601288	农业银行
17	600713	南京医药	57	600706	ST 长信	97	601599	鹿港科技
18	600730	中国高科	58	600710	常林股份	98	601601	中国太保
19	600749	西藏旅游	59	600712	南宁百货	99	601618	中国中冶
20	600760	中航黑豹	60	600717	天津港	100	601633	长城汽车

续表

序号	股票代码	股票名称	序号	股票代码	股票名称	序号	股票代码	股票名称
21	600763	通策医疗	61	600719	大连热电	101	601857	中国石油
22	600771	ST 东盛	62	600723	西单商场	102	601866	中海集运
23	600773	西藏城投	63	600726	华电能源	103	601877	正泰电器
24	600781	上海辅仁	64	600733	S 前锋	104	601939	建设银行
25	600783	鲁信创投	65	600738	兰州民百	105	601958	金钼股份
26	600804	鹏博士	66	600743	华远地产	106	601988	中国银行
27	600821	津劝业	67	600756	浪潮软件	107	601998	中信银行
28	600829	三精制药	68	600758	红阳能源	108	900953	凯马 B
29	600851	海欣股份	69	600774	汉商集团	109	600017	日照港
30	600855	航天长峰	70	600792	ST 马龙	110	600035	楚天高速
31	600883	博闻科技	71	600794	保税科技	111	600105	永鼎股份
32	600966	博汇纸业	72	600800	ST 磁卡	112	600127	金健米业
33	600984	* ST 建机	73	600803	威远生化	113	600155	* ST 宝硕
34	601158	重庆水务	74	600807	天业股份	114	600162	香江控股
35	601169	北京银行	75	600819	耀皮玻璃	115	600167	联美控股
36	601218	吉鑫科技	76	600833	第一医药	116	600171	上海贝岭
37	601258	庞大集团	77	600844	丹化科技	117	600185	格力地产
38	601311	骆驼股份	78	600850	华东电脑	118	600191	华资实业
39	601567	三星电气	79	600859	王府井	119	600208	新湖中宝
40	601616	广电电气	80	600870	ST 厦华	—	—	—

附录 4-D　　2011 年深市不存在资产负债表日后事项的公司名单

序号	股票代码	股票名称	序号	股票代码	股票名称	序号	股票代码	股票名称
1	000004	ST 国农	41	000796	易食股份	81	002606	大连电瓷
2	000018	ST 中冠 A	42	000815	美利纸业	82	002619	巨龙管业
3	000020	深华发 A	43	000829	天音控股	83	002627	宜昌交运
4	000025	特 力 A	44	000887	中鼎股份	84	002636	金安国纪
5	000032	深桑达 A	45	000910	大亚科技	85	002644	佛慈制药
6	000407	胜利股份	46	000918	嘉凯城	86	002646	青青稞酒

续表

序号	股票代码	股票名称	序号	股票代码	股票名称	序号	股票代码	股票名称
7	000408	*ST 金谷	47	000925	众合机电	87	002655	共达电声
8	000416	民生投资	48	000929	兰州黄河	88	200168	ST 雷伊 B
9	000501	鄂武商 A	49	000931	中 关 村	89	300005	探路者
10	000503	海虹控股	50	000953	*ST 河化	90	300021	大禹节水
11	000504	*ST 传媒	51	000958	*ST 东热	91	300033	同花顺
12	000509	S*ST 华塑	52	000959	首钢股份	92	300049	福瑞股份
13	000545	吉林制药	53	000961	中南建设	93	300069	金利华电
14	000561	烽火电子	54	000996	中国中期	94	300117	嘉寓股份
15	000567	海德股份	55	002047	成霖股份	95	300205	天喻信息
16	000590	紫光古汉	56	002102	冠福家用	96	300211	亿通科技
17	000592	中福实业	57	002113	ST 天润	97	300231	银信科技
18	000593	大通燃气	58	002143	高金食品	98	300233	金城医药
19	000597	东北制药	59	002156	通富微电	99	300241	瑞丰光电
20	000608	阳光股份	60	002166	莱茵生物	100	300242	明家科技
21	000611	时代科技	61	002203	海亮股份	101	300268	万福生科
22	000622	S*ST 恒立	62	002218	拓日新能	102	300273	和佳股份
23	000623	吉林敖东	63	002226	江南化工	103	000030	*ST 盛润 A
24	000626	如意集团	64	002237	恒邦股份	104	000035	*ST 科健
25	000627	天茂集团	65	002259	升达林业	105	000050	深天马 A
26	000633	ST 合金	66	002263	大东南	106	000151	中成股份
27	000638	万方地产	67	002310	东方园林	107	000400	许继电气
28	000667	名流置业	68	002326	永太科技	108	000413	宝 石 A
29	000670	S*ST 天发	69	002330	得利斯	109	000428	华天酒店
30	000672	*ST 铜城	70	002368	太极股份	110	000498	*ST 丹化
31	000673	*ST 当代	71	002386	天原集团	111	000529	广弘控股
32	000676	*ST 思达	72	002456	欧菲光	112	000537	广宇发展
33	000692	惠天热电	73	002459	天业通联	113	000544	中原环保
34	000711	天伦置业	74	002482	广田股份	114	000565	渝 三 峡 A

续表

序号	股票代码	股票名称	序号	股票代码	股票名称	序号	股票代码	股票名称
35	000716	＊ST 南方	75	002492	恒基达鑫	115	000585	东北电气
36	000719	S＊ST 鑫安	76	002503	搜于特	116	000586	ST 汇源
37	000720	ST 能山	77	002550	千红制药	117	000595	西北轴承
38	000723	美锦能源	78	002554	惠博普	118	000605	ST 四 环
39	000725	京东方 A	79	002570	贝因美	119	000609	绵世股份
40	000751	锌业股份	80	002590	万安科技	120	000615	湖北金环
121	000635	英力特	151	002033	丽江旅游	181	002395	双象股份
122	000655	金岭矿业	152	002035	华帝股份	182	002399	海普瑞
123	000657	＊ST 中钨	153	002039	黔源电力	183	002414	高德红外
124	000661	长春高新	154	002058	威尔泰	184	002457	青龙管业
125	000665	武汉塑料	155	002059	云南旅游	185	002462	嘉事堂
126	000681	＊ST 远东	156	002073	软控股份	186	002501	利源铝业
127	000687	保定天鹅	157	002077	大港股份	187	002507	涪陵榨菜
128	000691	＊ST 亚太	158	002086	东方海洋	188	002513	蓝丰生化
129	000693	S＊ST 聚友	159	002092	中泰化学	189	002549	凯美特气
130	000698	沈阳化工	160	002094	青岛金王	190	002591	恒大高新
131	000707	双环科技	161	002119	康强电子	191	002592	八菱科技
132	000727	华东科技	162	002123	荣信股份	192	002594	比亚迪
133	000759	武汉中百	163	002127	新民科技	193	002632	道明光学
134	000778	新兴铸管	164	002161	远望谷	194	200045	深纺织 B
135	000779	三毛派神	165	002162	斯米克	195	200413	东旭 B
136	000785	武汉中商	166	002169	智光电气	196	200468	宁通信 B
137	000792	盐湖钾肥	167	002177	御银股份	197	200992	中鲁 B
138	000813	天山纺织	168	002185	华天科技	198	300003	乐普医疗
139	000818	＊ST 化工	169	002192	路翔股份	199	300007	汉威电子
140	000821	京山轻机	170	002214	大立科技	200	300020	银江股份
141	000838	国兴地产	171	002240	威华股份	201	300023	宝德股份
142	000851	高鸿股份	172	002265	西仪股份	202	300034	钢研高纳

续表

序号	股票代码	股票名称	序号	股票代码	股票名称	序号	股票代码	股票名称
143	000860	顺鑫农业	173	002295	精艺股份	203	300039	上海凯宝
144	000915	山大华特	174	002297	博云新材	204	300064	豫金刚石
145	000920	南方汇通	175	002303	美盈森	205	300084	海默科技
146	000933	神火股份	176	002314	雅致股份	206	300090	盛运股份
147	000950	建峰化工	177	002359	齐星铁塔	207	300092	科新机电
148	000957	中通客车	178	002364	中恒电气	208	300107	建新股份
149	000969	安泰科技	179	002373	联信永益	—	—	—
150	002017	东信和平	180	002392	北京利尔	—	—	—

（本章编写者：廖汉琴　裴悦）

第五章

分部报告

主要知识点

本章主要知识点见表 5-1。

表 5-1　**本章主要知识点**

适用范围	企业存在多种经营或跨地区经营的，应当按照《企业会计准则第 35 号——分部报告》规定披露分部信息	
确认	经营分部	经营分部，是指企业内同时满足下列条件的组成部分： （1）该组成部分能够在日常活动中产生收入、发生费用； （2）企业管理层能够定期评价该组成部分的经营成果，以决定向其配置资源、评价其业绩； （3）企业能够取得该组成部分的财务状况、经营成果和现金流量等有关会计信息
		企业确定经营分部应考虑的因素： （1）该部分能在日常活动中产生收入、发生费用； （2）企业管理层能够定期评价该部分的业绩； （3）企业管理层能够取得该部分的财务状况等会计信息
	报告分部	报告分部的确定： （1）第一，该分部的分部收入占所有分部收入的 10% 或者以上；第二，该分部的分部利润（亏损）的绝对额，占所有盈利分部利润合计额或者所有亏损分部亏损合计额的绝对额两者中较大者的 10% 或者以上；第三，该分部的分部资产占所有分部资产合计额的 10% 或者以上。满足以上三者之一的，可以确认为报告分部； （2）低于 10% 重要性标准的选择：未满足以上条件，但企业认为披露该经营分部信息对财务报告使用者有用的，也可将其确定为报告分部； （3）报告分部 75% 的标准：报告分部的对外交易收入合计额占合并总收入或企业总收入的比重未达到 75% 的，将其他的分部确定为报告分部（即使它们未满足规定的条件），直到该比重达到 75%

续表

披露	(1) 企业应当区分主要报告形式和次要报告形式披露分部信息； (2) 对于主要报告形式，企业应当在附注中披露分部收入、分部费用、分部利润（亏损）、分部资产总额和分部负债总额等； (3) 企业披露的分部信息，应当与合并财务报表或企业财务报表中的总额信息相衔接； (4) 分部间转移交易应当以实际交易价格为基础计量。转移价格的确定基础及其变更情况，应当予以披露； (5) 企业应当披露分部会计政策，但分部会计政策与合并财务报表或企业财务报表一致的除外

一、总体执行情况

（一）适用范围

分部报告是指对存在多种经营与跨地区经营业务的企业，按照其经营业务性质不同，或者经营业务的地理范围，分别编制出的财务报告。其中，按照经营业务性质不同编制的分部报告称为经营分部报告；按照经营业务地理范围编制的分部报告称为地区分部报告。

2011 年上市公司当中，共 229 家 A 股公司存在分部报告。其中，沪市 A 股 130 家，深市 A 股 99 家。2 112 家上市公司不存在分部报告，其中沪市 A 股 788 家，深市 A 股 1 324 家。可以看出，多数公司不存在分部报告。这说明我国上市公司并不存在普遍的多分部经营。沪深两市上市公司分部报告披露情况如图 5-1 所示。

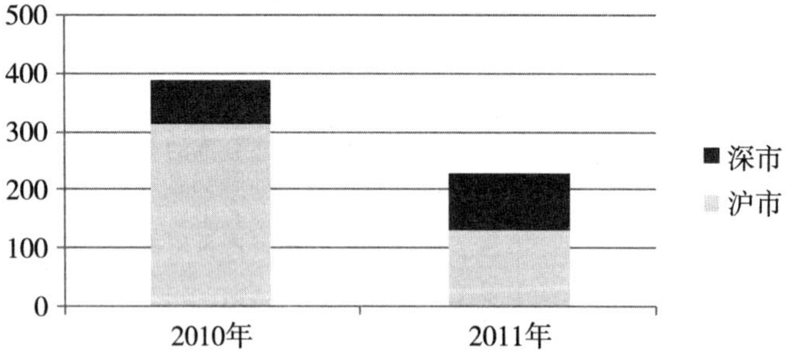

图 5-1 沪深两市上市公司分部报告披露情况

2011 年发布分部报告的公司中，使用经营报告进行报告的公司有 188 家，使用地区报告进行报告的公司有 32 家。其中有 15 家公司采用了经营报告和地区报告两种方式进行分部报告。

（二）报告分部的确定

1. 经营分部的确定

2011 年采用经营分部进行报告的公司列表，见表 5-2。

表 5-2　　2011 年采用经营分部进行报告的公司列表

股票代码	股票名称	是否按照经营分部进行分类报告	是否按照地区分部进行分类报告	分部数量	分部信息
000001	深发展 A	是		5	
000002	万科 A	是	是	2，4	
000011	深物业 A	是		4	
000022	深赤湾 A	是		3	
000024	招商地产	是		3	
000028	国药一致	是		3	
000031	中粮地产	是	是	3，6	
000032	深桑达 A	是		4	制造业、房地产业、商业贸易、其他
000037	深南电 A	是		4	根据本集团的内部组织结构、管理要求及内部报告制度，本集团的经营业务划分为供电及供热、燃油贸易、电厂建造及其他相关业务、房地产开发 4 个报告分部。本集团的管理层定期评价这些报告分部的经营成果，以决定向其分配资源及评价其业绩
000039	中集集团	是		8	本集团根据内部组织结构、管理要求及内部报告制度确定了集装箱业务、道路运输车辆业务、能源、化工及食品装备业务、海洋工程业务、机场设备业务、物流装备制造和服务业务、铁路货车制造业务和房地产开发业务共八个报告分部。每个报告分部为单独的业务分部，提供不同的产品和劳务，由于每个分部需要不同的技术及市场策略而需要进行单独的管理。本集团管埋层将会定期审阅不同分部的财务信息以决定向其配置资源、评价业绩

续表

股票代码	股票名称	是否按照经营分部进行分类报告	是否按照地区分部进行分类报告	分部数量	分部信息
000063	中兴通讯	是		3	本集团以内部组织结构、管理要求、内部报告制度为依据确定经营分部，以经营分部为基础确定报告分部并披露分部信息
000066	长城电脑	是		6	本集团以内部组织结构、管理要求、内部报告制度为依据确定经营分部，以经营分部为基础确定报告分部。经营分部，是指集团内同时满足下列条件的组成部分：该组成部分能够在日常活动中产生收入、发生费用；公司管理层能够定期评价该组成部分的经营成果，以决定向其配置资源、评价其业绩；公司能够取得该组成部分的财务状况、经营成果和现金流量等有关会计信息
000088	盐田港	是		3	
000089	深圳机场	是		4	
000096	广聚能源	是		4	石油制品、液化石油气、仓储收入、其他
000157	中联重科	是		7	本公司通过由业务板块组成的事业部管理其经营活动，公司主要经营决策者按如下经营分部分配资源和进行业绩评价。本公司未将任何经营分部进行合并，按照向主要经营决策者呈报财务信息一致的方式呈列7个可呈报分部
000338	潍柴动力	是		4	公司经营分部信息可概括为：(1) 生产及销售柴油机及相关零部件；(2) 生产、销售汽车及主要汽车零部件（不包括柴油机）；(3) 生产及销售非主要汽车零部件；(4) 提供进出口服务
000423	东阿阿胶	是		3	公司分为3个报告分部：(1)“阿胶及系列产品”分部为生产、加工和销售阿胶及系列产品业务；(2)“医药贸易”分部为经营药品零售、批发业务；(3)“其他”分部主要包括印刷包装、生产药用辅料、经营生物制品、牲畜养殖、畜产品加工、食品销售等业务

续表

股票代码	股票名称	是否按照经营分部进行分类报告	是否按照地区分部进行分类报告	分部数量	分部信息
000430	ST 张家界	是		4	
000510	金路集团	是		2	
000562	宏源证券	是		8	
000565	渝三峡 A	是		2	本公司有 2 个报告分部：油漆业务分部、甘氨酸业务分部
000573	粤宏远 A	是		3	本公司根据内部组织结构、管理要求及内部报告制度确定了房地产、水电工程和煤矿三大报告分部
000586	汇源通信	是		3	本公司本年度有 3 个报告分部：光缆、电缆分部，进出口分部，通信设备工程分部。光缆、电缆分部为光缆、电力光缆的销售和生产，进出口分部为进出口贸易业务，通信设备工程分部为通信工程施工及代维护业务
000590	紫光古汉	是		3	
000608	阳光股份	是	是	4	本集团有 4 个报告分部，分别为：(1) 开发产品销售北京分部，负责在北京地区销售开发产品；(2) 开发产品销售天津分部，负责在天津地区销售开发产品；(3) 开发产品销售山东分部，负责在山东地区销售开发产品；(4) 投资性房地产出租分部，负责经营商业和写字楼租赁
000659	珠海中富	是		4	饮料包装制品业务主要从事瓶胚、PET 瓶、标签、PVC 热收缩模的生产及销售；饮料加工业务主要从事代客灌装，OEM 及 ODM 服务；胶罐业务主要从事 1 至 5 加仑 PC 饮用水罐和 PC 饮用水罐专用塑料盖的生产及销售；纸杯业务主要从事一次性纸杯的生产及销售
000666	经纬纺机	是		3	

续表

股票代码	股票名称	是否按照经营分部进行分类报告	是否按照地区分部进行分类报告	分部数量	分部信息
000683	远兴能源	是		4	
000725	京东方 A	是		4	本集团的主要经营决策者按如下经营分部审阅经营绩效和分配资源。(1) TFT - LCD 产品业务。产品主要应用于显示器、笔记本、液晶电视和各类移动电子产品等领域；(2) 显示光源产品业务。产品主要应用于液晶显示器；(3) 显示系统产品业务。产品主要为自主品牌的液晶显示器及液晶电视；(4) 其他业务。除上述业务外的其他业务，主要包括精密零件与材料业务、光伏业务及办公物业租赁业务等
000727	华东科技	是		5	
000729	燕京啤酒	是		2	
000736	重庆实业	是		3	
000748	长城信息	是		4	本公司有 4 个报告分部，分别为金融电子分部、高新电子分部、医疗电子分部和软件园分部
000750	国海证券	是		7	
000758	中色股份	是		5	
000776	广发证券	是		4	
000783	长江证券	是		5	
000797	中国武夷	是	是	5，8	本公司以地区分部和业务分部为报告形式
000803	金宇车城	是		3	
000810	华润锦华	是		2	
000816	江淮动力	是		3	
000831	*ST 关铝	是		3	本公司有 3 个报告分部：电解铝分部、铝压延加工分部、铝制品贸易分部
000881	大连国际	是		7	

续表

股票代码	股票名称	是否按照经营分部进行分类报告	是否按照地区分部进行分类报告	分部数量	分部信息
000900	现代投资	是		3	
000908	ST 天一	是		6	本公司有 6 个报告分部，分别为泵类业务、电气业务、采矿业务、服务业务、租赁业务和贸易业务分部
000918	嘉凯城	是		4	
000921	ST 科龙	是		4	
000926	福星股份	是		3	
000931	中关村	是		4	
000932	华菱钢铁	是	是	3，3	地区分部在钢铁的经营分部中
000933	神火股份	是		7	
000935	四川双马	是		2	本集团的经营业务可划分为 2 个报告分部，本集团各个报告分部提供的主要产品及劳务分别为水泥及电力
000937	冀中能源	是		6	
000950	建峰化工	是		5	本公司有 5 个报告分部：管理中心、化肥分部、三聚氰胺分部、弛源化工分部、医药分部
000959	首钢股份	是		3	本公司报告分部包括：（1）钢铁行业分部；（2）矿渣综合利用分部；（3）投资行业分部
000961	中南建设	是		3	本公司有 3 个报告分部：房地产分部、建筑分部、物业分部
000970	中科三环	是		2	本公司报告分部包括：磁材产品分部、电动自行车分部
002045	广州国光	是		2	电声器件业务、其他
002063	远光软件	是	是	4，6	
002080	中材科技	是		2	特种纤维制品、技术与装备
002124	天邦股份	是		7	本公司分部报告按照不同的产品或服务作为业务单元

续表

股票代码	股票名称	是否按照经营分部进行分类报告	是否按照地区分部进行分类报告	分部数量	分部信息
002142	宁波银行	是		4	公司业务、个人业务、资金业务、其他业务
002143	高金食品	是		3	
002184	海得控制	是		3	
002204	大连重工	是		4	
002254	泰和新材	是		2	
002262	恩华药业	是		3	制造分部、商业分部、其他
002269	美邦服饰	是		2	批发业务、零售业务
002271	东方雨虹	是		2	(1) 防水材料的生产、销售；(2) 防水工程的施工
002297	博云新材	是		3	航空航天及碳碳复合材料、汽车刹车片业务、粉末冶金业务
002333	罗普斯金	是		4	
002460	赣锋锂业	是		2	金属锂及锂化合物分部、锂电池及其材料分部
002480	新筑股份	是		3	桥梁功能部件分部、路面施工机械分部、搅拌设备分部
002490	山东墨龙	是		4	油套管、三抽设备、石油机械部件、其他
002497	雅化集团	是		5	生产分部、销售分部、爆破分部、运输分部、其他
002501	利源铝业	是		3	铝型材分部、建筑安装分部、其他
002539	新都化工	是		2	本公司有2个报告分部：复合肥分部、化工分部
002567	唐人神	是		4	饲料分部、肉类分部、兽药分部、生猪分部

续表

股票代码	股票名称	是否按照经营分部进行分类报告	是否按照地区分部进行分类报告	分部数量	分部信息
002573	国电清新	是		3	公司总部、脱硫运营分公司、其他
002593	日上集团	是		2	本公司报告分部包括：载重钢轮分部、钢结构分部
300016	北陆药业	是		2	药品生产、药品经销
300187	永清环保	是		4	工程总承包、托管运营、环评咨询、重金属土壤修复
300223	北京君正	是	是	3，3	
300272	开能环保	是		3	
600008	首创股份	是		6	本公司报告分部包括：水处理业务分部、高速公路分部、酒店分部、水务建设分部、土地一二级开发业务分部及其他分部
600019	宝钢股份	是		3	钢铁制造、钢铁销售、其他
600026	中海发展	是		3	
600028	中国石化	是		5	
600029	南方航空	是		2	航空营运业务分部、其他业务分部
600030	中信证券	是		5	经纪业务、资产管理业务、证券投资业务、证券承销业务、其他
600036	招商银行	是	是	4，7	
600037	歌华有线	是		2	网络运营分部、服务分部、器材销售分部
600058	五矿发展	是		8	
600062	双鹤药业	是		2	工业分部、商业分部
600073	上海梅林	是		4	罐头食品分部、休闲食品分部、贸易分部、肉类分部
600085	同仁堂	是		2	生产制造分部、药品零售分部

续表

股票代码	股票名称	是否按照经营分部进行分类报告	是否按照地区分部进行分类报告	分部数量	分部信息
600104	上汽集团	是		2	整车及零部件分部、金融分部
600109	国金证券	是		2	
600115	东方航空	是		2	航空营运分部、其他业务分部
600135	乐凯胶片	是		3	
600162	香江控股	是		5	
600166	福田汽车	是		8	
600168	武汉控股	是		3	供水及污水处理收入分部、房地产及物业管理收入分部、长江隧道分部
600170	上海建工	是		6	
600177	雅戈尔	是		4	服装纺织板块、房地产旅游板块、电力板块、投资板块
600185	格力地产	是		5	投资分部、房地产分部、建材分部、代管项目分部、其他分部
600192	长城电工	是		6	
600196	复星医药	是		5	医药工业、医药商业、医疗器械及诊断产品、医疗服务、其他
600197	伊力特	是		5	白酒酿造及包装、煤化工、铁路物流、宾馆服务、其他
600221	海南航空	是		2	航空营运分部、其他业务分部
600258	首旅股份	是		4	景区、旅游服务、酒店、展览广告
600270	外运发展	是		4	国际航空货运代理服务、快件服务、国内货运及物流服务、其他
600277	亿利能源	是		5	
600279	重庆港九	是		4	
600300	维维股份	是		6	

续表

股票代码	股票名称	是否按照经营分部进行分类报告	是否按照地区分部进行分类报告	分部数量	分部信息
600303	曙光股份	是		5	大客车、乘用车、车桥、其他零部件、其他
600332	广州药业	是		3	制造、医药贸易、其他贸易
600350	山东高速	是	是	5	收费路桥业务、山东地区、河南地区、石油制品零售、房地产开发、其他
600369	西南证券	是		5	
600377	宁沪高速	是		8	宁沪高速、312 公路、宁连宁通、广靖锡澄、公路配套服务、房地产开发，投资及广告、不可分配项目
600386	北巴传媒	是		2	公交广告业务和汽车服务业务
600390	金瑞科技	是		3	
600415	小商品城	是		6	
600416	湘电股份	是	是	4	风力发电整机、电机及配套、中国地区、欧洲地区、水泵及配套产品
600458	时代新材	是		2	轨道交通建设、风电产品
600463	空港股份	是		5	
600466	迪康药业	是		4	
600500	中化国际	是		4	
600525	长园集团	是		4	热缩材料类、电网设备类、电路保护元件、其他
600528	中铁二局	是		5	基建建设、房地产、物资销售、勘察设计、其他
600548	深高速	是		2	
600573	惠泉啤酒	是		2	啤酒业务、其他业务
600597	光明乳业	是	是	11	
600606	金丰投资	是		3	房地产开发业务、房地产流通服务业务、其他

续表

股票代码	股票名称	是否按照经营分部进行分类报告	是否按照地区分部进行分类报告	分部数量	分部信息
600619	海立股份	是		2	
600639	浦东金桥	是		4	房地产销售业务、房地产租赁业务、酒店公寓业务、其他业务
600649	城投控股	是		4	污水板块、房地产板块、环境板块、环投板块
600650	锦江投资	是		4	汽车营运及相关业务、汽车销售及相关业务、酒店及相关业务、低温物流业务
600673	东阳光铝	是		8	
600683	京投银泰	是		4	房地产分部、外贸分部、百货分部、其他
600685	广船国际	是		3	造船及相关业务、钢结构工程、其他分部
600688	S 上石化	是		5	
600723	首商股份	是		3	商品销售分部、房屋租赁分部、其他分部
600737	中粮屯河	是		3	食品加工、农作物种植、其他
600739	辽宁成大	是		5	
600754	锦江股份	是		3	
600775	南京熊猫	是		5	电子制造产品、电子智能产品、电子装备产品、通信技术产品、其他
600806	昆明机床	是		3	
600808	马钢股份	是		1	基于经营管理需要，本集团集中于钢铁产品及其副产品的生产及销售业务，属于单一经营分部
600811	东方集团	是		4	本公司有四个报告分部：商品流通业分部、工矿企业分部、家居装饰分部、粮油业务分部等
600835	上海机电	是		7	

续表

股票代码	股票名称	是否按照经营分部进行分类报告	是否按照地区分部进行分类报告	分部数量	分部信息
600837	海通证券	是		7	
600839	四川长虹	是		5	彩电销售分部、IT、销售分部、手机销售分部、中间产品分部、空调冰箱分部
600848	自仪股份	是		3	
600861	北京城乡	是		3	商业零售分部、服务业分部、房地产分部
600871	S仪化	是		5	聚酯切片、瓶级切片、短纤及中空、长丝以及PTA
600872	中炬高新	是		3	
600874	创业环保	是	是	4，3	污水处理及污水处理厂建设：天津、杭州、其他；中水、自来水、其他分部
600875	东方电气	是		5	高效清洁发电设备、新能源、水能及环保设备、工程及服务、未分配项目
600876	洛阳玻璃	是		2	
600895	张江高科	是		4	
600896	中海海盛	是		3	运输分部、贸易分部、其他分部
600999	招商证券	是		6	经纪业务、资产管理业务、证券投资业务、投资银行业务、直投业务、其他
601005	重庆钢铁	是		3	
601009	南京银行	是		4	
601018	宁波港	是		5	
601088	中国神华	是		5	
601111	中国国航	是		2	
601139	深圳燃气	是		3	石油气批发、瓶装石油气、管道燃气及其他
601168	西部矿业	是		3	

续表

股票代码	股票名称	是否按照经营分部进行分类报告	是否按照地区分部进行分类报告	分部数量	分部信息
601169	北京银行	是		4	
601179	中国西电	是		8	
601186	中国铁建	是		4	
601231	环旭电子	是	是	5，4	
601288	农业银行	是		4	
601318	中国平安	是		6	
601333	广深铁路	是		2	
601377	兴业证券	是		6	证券经纪业务、证券自营业务、投资银行业务、基金公司业务、期货公司业务、其他业务
601390	中国中铁	是		5	
601398	工商银行	是		4	
601555	东吴证券	是		6	证券经纪业务、投资银行业务、自营投资业务、受托资产管理、期货经纪业务、公司总部及其他
601588	北辰实业	是		4	
601600	中国铝业	是		5	
601601	中国太保	是		3	
601607	上海医药	是		4	工业、分销、零售、其他
601618	中国中冶	是		5	工程承包、装备制造、资源开发、房地产开发、其他
601628	中国人寿	是		4	
601633	长城汽车	是		1	由于本集团分配资源及评价业绩系以制造及销售汽车及相关配件的整体运营为基础，也是本集团内部报告的唯一经营分部
601668	中国建筑	是		5	房屋建筑工程、基础设施建设与投资、房地产开发与投资、设计勘察、其他

续表

股票代码	股票名称	是否按照经营分部进行分类报告	是否按照地区分部进行分类报告	分部数量	分部信息
601727	上海电气	是		5	
601800	中国交建	是		5	基建业务、设计业务、疏浚业务、装备制造业务、其他
601808	中海油服	是		4	
601818	光大银行	是	是	4，7	
601857	中国石油	是		4	勘探与生产、炼油与化工、销售、天然气与管道
601866	中海集运	是		2	集装箱航运及相关业务、集装箱码头及相关业务
601872	招商轮船	是		2	油轮运输、散货船运输
601880	大连港	是		8	
601899	紫金矿业	是		9	
601901	方正证券	是	是	7，4	
601939	建设银行	是	是	4，7	
601988	中国银行	是	是	6，3	
601991	大唐发电	是		4	发电板块、煤炭产品板块、煤化工板块、其他经营板块
601992	金隅股份	是		5	水泥、新型建筑材料、房地产开发、物业投资及管理、板块抵销
601998	中信银行	是	是	5，8	

2011 年，采用经营分部报告的上市公司共有 188 家，行业分布广泛，基本能对具体分部的情况作出详细说明，但也存在一部分公司对于分部报告信息披露不够充分，对于需要具体说明的分部内容简单带过。

2. 地区分部的确定

2011 年采用地区分部进行报告的公司列表，见表 5-3。

表 5-3　　2011 年采用地区分部进行报告的公司列表

000002	万科 A	是	是	2，4	
000031	中粮地产	是	是	3，6	
000042	深长城		是	4，4	本公司将分部报告分为业务分部和地区分部
000400	许继电气		是	3	
000404	华意压缩		是	3	
000539	粤电力 A		是	8	本集团本年度有 8 个报告分部，负责在广东省的不同地区生产并销售电力
000608	阳光股份	是	是	4	本集团有 4 个报告分部，分别为：(1) 开发产品销售北京分部，负责在北京地区销售开发产品；(2) 开发产品销售天津分部，负责在天津地区销售开发产品；(3) 开发产品销售山东分部，负责在山东地区销售开发产品；(4) 投资性房地产出租分部，负责经营商业和写字楼租赁
000702	正虹科技		是	14	
000728	国元证券		是	20	
000796	易食股份		是	6	
000797	中国武夷	是	是	5，8	本公司以地区分部和业务分部为报告形式
000932	华菱钢铁	是	是	3，3	地区分部在钢铁的经营分部中
000960	锡业股份		是	2	国外、国内
002063	远光软件	是	是	4，6	
002156	通富微电		是	2	境内、境外
002228	合兴包装		是	5	
002457	青龙管业		是	10	
002500	山西证券		是	18	
300084	海默科技		是	2	境内、境外
300135	宝利沥青		是	6	
300223	北京君正	是	是	3，3	
600000	浦发银行		是	11	

续表

600011	华能国际		是	3	
600015	华夏银行		是	4	
600016	民生银行		是	4	
600036	招商银行	是	是	4，7	
600246	万通地产		是	3	北京地区、天津地区、川渝地区
600350	山东高速	是	是	5	收费路桥业务（山东地区、河南地区）、石油制品零售、房地产开发、其他
600352	浙江龙盛		是	3	
600383	金地集团		是	4	珠三角地区、长三角地区、环渤海地区、其他地区
600416	湘电股份	是	是	4	风力发电整机、电机及配套（中国地区、欧洲地区）、水泵及配套产品
600585	海螺水泥		是	5	中国东部、中国中部、中国南部、中国西部、海外
600597	光明乳业	是	是	11	
600600	青岛啤酒		是	7	
600694	大商股份		是	9	
600859	王府井		是	5	华北地区、中南地区、西南地区、西北地区、华东地区
600863	内蒙华电		是	2	
600874	创业环保	是	是	4，3	污水处理及污水处理厂建设（天津、杭州、其他），中水分部、自来水分部、其他分部
601099	太平洋		是	5	
601166	兴业银行		是	10	
601231	环旭电子	是	是	5，4	
601328	交通银行		是	7	华北、东北、华东、华中及华南、西部、海外、总部
601818	光大银行	是	是	4，7	
601901	方正证券	是	是	7，4	

续表

601939	建设银行	是	是	4，7	
601988	中国银行	是	是	6，3	
601998	中信银行	是	是	5，8	

2011 年度上市公司进行地区分部报告的公司数量为 32 家，大大少于经营分部的公司数量。同时，有 15 家公司在进行了地区分部报告的同时，又采用了经营报告的形式来进一步对相关信息进行充分披露。

3. 报告分部的确定

报告分部的确定通常需要满足收入、利润、资产等占公司总体的一定百分比条件，或者企业根据重要性自行对相关未满足对报告分部进行确定的数量条件的分部进行确认。

2011 年不同分部报告数量的公司列表，见表 5-4。

表 5-4　　2011 年不同分部报告数量的公司列表

项目	1	2	3	4	5	6	7	8	9	10	10 以上	合计
披露经营分部的公司数量	2	33	46	46	32	12	7	8	1	0	1	188
披露地区分部的公司数量	0	4	5	5	5	2	2	1	1	2	5	32

从表 5-4 可以看出，上市公司对于经营分部报告数量披露的分部比较集中，基本集中于 2 ~6 个分部报告，这与公司整体的合适架构、发展规模等有较大关系。同时，地区分布报告数量的分部则相对分散，体现了我国上市公司业务区域范围的多样性。另外，披露经营分部的公司数量为 188 家，占比 85.45%，可以发现，目前我国上市公司分部报告的主要形式为经营分部的披露。

4. 主要报告形式和次要报告形式

如果企业的风险和报酬主要受产品和劳务差异的影响，则报告的主要形式以业务分部为主，次要形式就是地区分部报告。

如果企业的风险和报酬主要受其在不同国家和地区的影响，则报告的主要形式以地区分部为主，次要形式就是业务分部报告。

如果企业的风险和报酬同时受产品的劳务差异，以及所在国家或地区差异的影响，则报告分部信息的主要形式应是业务分部，次要形式是地区分部。

（三）报告分部的披露

主要报告形式的披露：无论是经营分部还是地区分部为主要报告形式，都要披露分部的收入，利润或亏损，资产的账面价值总额，负债的账面价值总额。

次要报告形式的披露：如果报告的主要形式是经营分部，那么要在次要报告中按照地区分部的特点，披露相关内容；如果报告的主要形式是地区分部，那么要在次要报告中按照经营分部的特点，披露相关内容。

报告分部应当披露的信息：

1. 描述性信息。

2. 每一报告分部的利润或亏损总额的相关信息。

3. 每一报告分部的资产总额、负债总额的相关信息。

4. 除上述已经作为报告分部信息组成部分予以披露的内容以外，企业还应当披露下列信息：

（1）每一产品和劳务或每一类似产品和劳务的对外交易收入。

（2）企业取得的来自本国的对外交易收入总额，以及企业从其他国家取得的对外交易收入的总额。

（3）企业取得的未予本国的非流动资产（不包括金融资产、独立账户资产、递延所得税资产）总额，以及企业未予其他国家的非流动资产总额。

（4）企业对主要客户的依赖程度。

5. 报告分部信息总额与企业信息总额的衔接。

6. 比较信息。

二、典型案例——万科

（一）企业简介

万科股份有限公司成立于1984年，1988年进入房地产行业，1991年成为深圳证券交易所第二家上市公司。经过二十多年的发展，公司成为了国内最大的住宅开发企业，目前业务覆盖珠三角、长三角、环渤海三大城市经济圈以及中西部地区，共计53个大中城市。近3年来，年均住宅销售规模在6万套以上，2011年公司实现销售面积1 075万平方米，销售金额1 215亿元，2012年销售额超过1 400亿元。销售规模持续居全球同行业首位。

（二）2011年财务报表附注中对分部报告的披露情况

1. 分部报告会计政策披露

本集团以内部组织结构、管理要求、内部报告制度为依据确定经营分部，以经营分部为基础确定报告分部。经营分部，是指集团内同时满足下列条件的组成部分：

（1）该组成部分能够在日常活动中产生收入、发生费用。

（2）本集团管理层能够定期评价该组成部分的经营成果，以决定如何向其配置资源、如何评价其业绩。

（3）本集团能够取得该组成部分的财务状况、经营成果和现金流量等有关会计信息。

如果两个或多个经营分部存在相似经济特征并且同时在以下方面具有相同或相似性，那么可以合并为一个经营分部：

①各单项产品或劳务的性质。

②生产过程的性质。

③产品或劳务的客户类型。

④销售产品或提供劳务的方式。

（4）生产产品及提供劳务受法律、行政法规的影响。

本集团在编制分部报告时，分部间交易收入按实际交易价格为基础计量。编制分部报告所采用的会计政策与编制本集团财务报表所采用的会计政策一致。

2. 分部报告

万科集团的分部报告中，既包含了经营分部又包含了地区分部。集团根据内部组织结构、管理要求及内部报告制度确定了房地产和物业管理共两大报告分部。其中房地产分部又分为北京区域、广深区域、上海区域和成都区域四个分部。每个报告分部为单独的业务分部，提供不同的产品和劳务，由于每个分部需要不同的技术及市场策略而需要进行单独的管理。

（1）报告分部的利润或亏损、资产及负债的信息。

分部资产包括企业在分部的经营中使用的、可直接归属于该分部的资产，以及能够以合理的基础分配给该分部的资产，未分配项目主要包括总部资产和递延所得税资产。

分部负债，是指分部经营活动形成的可归属于该分部的负债，包括归属于各分部的应付款项、预收款项和银行借款等，未分配项目主要包括总部负债和递延所得税负债。

分部经营成果是指各个分部产生的收入（包括对外交易收入及分部间的交易收入），扣除各个分部发生的费用、归属于各分部的资产发生的折旧和摊销及减值损失、直接归属于某一分部的银行存款及银行借款所产生的利息净支出后的净额。未分配项目主要为总部的收入和支出。分部之间收入的转移定价按照与其他对外交易相似的条款计算。万科集团地区分布经营成果见表 5-5。

表 5-5　　**万科集团地区分布经营成果**　　单位：元

项目	地产行业				物业管理公司	未分配项目	抵消额	合计
	北京区域	广州、深圳区域	上海区域	成都区域				
分部收入	33 445 567 177.28	29 360 710 072.97	21 920 298 704.90	17 561 367 025.12	1 777 824 001.25	1 070 547 288.81	(2 020 069 133.91)	103 116 245 136.42
其中：								
外部销售收入	33 445 567 177.28	29 018 432 614.24	21 915 412 223.22	17 521 367 025.12	974 601 262.61	240 864 833.95	—	103 116 245 136.42
分部间销售收入	—	342 277 458.73	4 886 481.68	40 000 000.00	803 222 738.64	829 682 454.86	(2 020 069 133.91)	—
分部费用	26 589 383 555.27	22 931 448 130.55	17 374 643 950.58	14 068 236 165.31	1 626 879 874.39	1 470 512 152.22	(1 037 930 765.35)	83 023 173 062.97
分部利润	6 856 183 622.01	6 429 261 942.42	4 545 654 754.32	3 493 130 859.81	150 944 126.86	(399 964 863.41)	(982 138 368.56)	20 093 072 073.45
分部资产	108 538 598 093.20	122 334 247 534.85	103 775 407 107.40	69 798 669 084.93	2 905 454 312.72	164 026 673 724.54	(192 577 434 782.27)	378 801 61
分部负债	88 536 930 456.68	105 754 297 122.19	89 823 583 194.21	62 910 060 088.95	2 497 513 817.98	123 302 369 994.35	(176 161 334 587.09)	296 663 420 087.27

（2）由于万科集团的客户较为分散，不存在单个交易额超过 10% 的客户。

三、思考题

1. 为什么企业在提供了合并财务报表的情况下，还要提供分部报告？

2. 分部报告主要形式与次要形式划分的标准是什么？其披露内容有什么不同？

3. 确定报告分部的标准有哪些？

4. 试论述分部报告准则的执行情况的分析及建议。

5. 万科分部报告准则执行是否规范，应如何理解？

四、思考题参考思路

1. 合并报表可以向集团内部及外部信息使用者提供相关信息，但亦有其局限性，包括：

（1）合并报表提供的是企业整体的财务状况与经营成果信息，对于个别公司则缺乏详细资料。某些报表使用者，如比较关心企业短期偿债能力的短期债权人，便无法从合并报表中取得所需的相关信息。

（2）若组成集团的各家企业从事不同的行业，则合并报表所提供的财务比率在用途上会有所限制。例如，某控股公司虽被列于工业类，但其合并报表中所含的联属公司却涉及商业类、地产类、公用事业类等行业。因此，报表使用者在评估集团经营业绩时，首先需注意据以比较的对象是否处在同一行业。就前述集团公司而言，若地产类或公用事业类企业在其经营中所占比例相当大，则其编制出来的集团合并报表与其他较为单纯的工业类公司报表相比，可能意义不大，甚至可以说毫无意义。

（3）集团公司往往从事跨地区、跨国界的经营活动，在这种情况下，控股公司和联属公司在不同地区投入的技术、资金、劳动力以及它们的获利能力、资金分布、投资风险、发展前景等均可能存在很大差别，合并报表提供的综合信息显得过于笼统，凭此难以看出上述差别的影响。

鉴于上述缺陷，某些报表使用者往往要求企业提供按行业特点、地区分布编制的分部报告，以便评估集团公司真实的财务状况和经营业绩。

2. 分部报告主要形式与次要形式划分的标准包括：

如果企业的风险和报酬主要受产品和劳务差异的影响，则报告的主要形式以业务分部为主，次要形式就是地区分部报告。

如果企业的风险和报酬主要受其在不同国家和地区的影响，则报告的主要形式以地区分部为主，次要形式就是业务分部报告。

如果企业的风险和报酬同时受产品的劳务差异，以及所在国家或地区差异的影响，则报告分部信息的主要形式应是业务分部，次要形式是地区分部。

其披露信息披露内容的不同之处在于：

主要报告形式的披露：无论是经营分部还是地区分部为主要报告形式，都要披露分部的收入、利润或亏损、资产的账面价值总额、负债的账面价值总额。

次要报告形式的披露：如果报告的主要形式是经营分部，那么要在次要报告中按照地区分部的特点，披露相关内容；如果报告的主要形式是地区分部，那么要在次要报告中按照经营分部的特点，披露相关内容。

3. 某经营分部或地区分部符合以下三个条件之一的，即可确定为报告分部：

（1）该分部的分部收入占所有分部收入合计数的10%或者以上。

（2）该分部的分部利润（亏损）的绝对额，占所有盈利分部利润合计额或者所有亏损分部亏损合计数的绝对额两者中较大者的10%或者以上。

（3）该分部的分部资产占所有分部资产合计数的10%或者以上。

4. 通过前文对于2010年、2011年上市公司分部报告准则执行情况的分析，笔者发现以下问题：

（1）上市公司没有完全按照分部报告准则的要求披露相关的信息，一部分上市公司只是形式上能够达到要求，但其实质却难以符合准则的规定。

（2）上市公司分部信息存在着重复披露的现象，主要是在分产品和分行业的信息披露方面重复，同时，地区分部信息不详细而且缺乏可比性，给信息的使用者带来诸多不便。

（3）有些上市公司在分部报告中仅划分1个分部，同时也存在上市公司的分部数量超过10个的现象，可见上市公司对于分部报告的准则执行还不完善。

（4）上市公司年报中对于经营分部和地区分部的说明千篇一律，均采用准则的原文，没有结合自身企业的特点进行详细分析和说明。

我国上市公司对于分部报告准则的执行情况较前几年有一定的提高，但整体水平依然不容乐观，其中存在的问题需要引起足够的重视。

针对以上问题，笔者提出如下改善建议：

（1）准则制定部门应该沟通统一分部信息披露标准。在我国分部报告的披露形式是具有选择性的。证监会的披露要求和财政部会计准则要求存在很多的不同，使得上市公司在选择不同的制度要求下造成了信息披露的不一致。不论是证监会还是财政部，其目的都是增加信息的透明度，保护投资者的利益，两者的统一会加速上市公司分部报告信息规范化的进程。

（2）根据我国国情，进一步完善分部报告准则。我们不应该盲目地和国际准则进行接轨，在借鉴其优秀准则的基础上，一定要结合我国自身的特点，建立和完善符合我国国情的分部报告准则。

（3）加强注册会计师在审计工作中对于分部报告的关注度。同时从企业内部出发，加强企业内部人员对于分部报告信息的披露意识，以及会计人员对于分部概念的理解。

5. 通过上面对于万科分部报告的列示，笔者认为万科对于分部报告信息的披露符合会计准则的要求，并且较为完善。其对于分部报告会计政策披露及分部报告确定的陈述较为完整，并对分部报表中的各项内容给出明确的解释。分部报表则将经营分部和地区分部进行综合列示，使信息使用者一目了然，而且对于每个分部信息都按照会计六要素进行列示，增加了信息的透明度。笔者认为在此基础上，如果增加分部之间交易的相关信息，可以让信息使用者更加清楚地了解企业的情况，更有利于保护投资者，这也需要我国相关部门尽快完善分部报告信息披露制度。

主要参考文献及数据来源

［1］韩露．上市公司分部报告决策有用性研究［D］．北京：中国财政部财政科学研究所，2013.

［2］匡效良．上市公司分部信息披露质量及其预测价值研究［D］．湘潭：湘潭大学，2013.

［3］祝兵．我国新分部报告准则应用研究［D］．青岛：中国海洋大学，2012.

［4］姜莉莉．我国上市公司分部报告信息披露质量研究［D］．长春：吉林财经大学，2011.

［5］曾丽雅．我国分部报告准则的实施效果研究［D］．开封：河南大学，2012.

［6］屈扬．我国分部报告实施现状分析［J］．财会通讯，2013（2）：94-95.

［7］徐丽琴．我国企业分部报告的再审视［J］．财政监督，2012（2）：32-33.

［8］巨潮资讯网．http：//www. cninfo. com. cn.

（本章编写者：孙畅　高天然）

第六章

关联方披露

主要知识点

适用范围	企业财务报表中应当披露所有关联方关系及其交易的相关信息，对外提供合并财务报表的，应当披露与合并范围外各关联方的关系及其交易	
基本概念	关联方	一方控制、共同控制另一方或对另一方施加重大影响，以及两方或两方以上同受一方控制、共同控制或重大影响的，构成关联方
	构成关联方的条件	构成关联方的条件：企业之间具有控制、共同控制和重大影响是构成关联方的基本条件
		不构成关联方的条件： 1. 仅仅存在下列关系的各方：与该企业发生日常往来的资金提供者、公用事业部门、政府部门和机构；与该企业发生大量交易而存在经济依存关系的单个客户、供应商、特许商、经销商或代理商；与该企业共同控制合营企业的合营者 2. 仅仅同受国家控制而不存在其他关联方关系的企业，不构成关联方
	关联方交易	关联方交易，是指关联方之间转移资源、劳务或义务的行为，而不论是否收取价款。关联方交易不以收取价款为基本条件，只要关联方之间发生了转移资源、劳务或义务的行为，即为发生了关联交易
		关联方交易的类型： 1. 购买或销售商品 2. 购买或销售商品以外的其他资产 3. 提供或接受劳务等

续表

披露	1. 企业无论是否发生关联方交易，均应当在附注中披露与母公司和子公司有关的下列信息：母公司和子公司的名称；母公司和子公司的业务性质、注册地、注册资本（或实收资本、股本）及其变化；母公司对该企业或者该企业对子公司的持股比例和表决权比例等 2. 披露的交易要素至少包括：交易的金额；未结算项目的金额、条款和条件，以及有关提供或取得担保的信息；未结算应收项目的坏账准备金额；定价政策 3. 类型相似的关联方交易，在不影响财务报表阅读者正确理解关联方交易对财务报表影响的情况下，可以合并披露 4. 企业只有在提供确凿证据的情况下，才能披露关联方交易是公平交易

一、总体执行情况

一方控制、共同控制另一方或对另一方施加重大影响，以及两方或两方以上受同一方控制、共同控制或重大影响的，构成关联方。这种关联方关系的存在是以控制、共同控制或重大影响为前提条件的。我国财政部于1997年首次将《关联方关系及其交易披露》作为一项具体会计准则率先颁布，界定了关联方关系披露的相关问题，但是并没有涉及确认和计量方面。1997—2001年，我国关联方交易比重呈现上升势头，虽然说这并不等于一定操纵利润，但是其可能性却很大。因此，为适合中国国情，我国于2001年颁布了《关联方之间出售资产等有关会计处理问题暂行规定》，对关联交易的计量做出了明确规定。2006年，新会计准则出台，《企业会计准则第36号——关联方披露》对关联方关系及其交易披露进行了系统化的规定并且内容更加客观、具体。

下面主要根据上市公司2010年及2011年年度财务报告中所披露的关联方及关联方交易的相关信息进行统计、分析，并结合具体案例来综合分析现阶段关联方披露准则的优缺点及改进措施。

（一）关联方及关联方交易披露的总体情况

1. 关于关联方关系

截至2011年4月30日，共有2 129家企业披露了2010年年报。其中，存在关联方关系的企业共有2 121家，占截至本报告日已披露年报企业家数的99.62%；不存在关联方关系的企业共有8家，占截至本报告日已发年报企业家数的0.38%。

截至2012年4月30日，共有2 341家企业披露了2011年年报。其中，存在关联方关系的企业共有2 337家，占截至本报告日已披露年报企业家数的

99.83%；不存在关联方关系的企业共有4家，占截至本报告日已发年报企业家数的0.17%。

2010—2011年上市公司关联方关系具体情况见表6-1。

表6-1 上市公司关联方关系情况统计表

年份	是否存在关联方的具体情况及家数		占截至本报告日已发年报家数的百分比	截至本报告日已发年报总家数
2010	是	2 121	99.62%	2 129
	否	8	0.38%	
2011	是	2 337	99.83%	2 341
	否	4	0.17%	

其中，2011年不存在关联方的公司及其代码，见表6-2。

表6-2 不存在关联方的公司及代码统计表

年份	不存在关联方的公司代码	不存在关联方的公司简称
2010	600808	马钢股份
	000955	ST欣龙
	601311	骆驼股份
	601880	大连港
2011	300024	机器人
	300043	星辉车模
	000566	海南海药
	002309	中利科技
	600380	健康元
	000898	鞍钢股份
	000518	四环生物
	000787	*ST创智

2. 关于关联方交易

2010—2011年上市公司关联方交易的情况见表6-3。

表 6-3　　上市公司关联方交易情况统计表

年份	本期是否发生关联交易的具体情况及家数		占截至本报告日已发年报家数（存在关联方）的百分比	截至本报告日已发年报（存在关联方）总家数
2011	是	2 338	99.87%	2 341
	否	3	0.13%	
2010	是	1 984	93.54%	2 121
	否	137	6.46%	

从以上数据可以看出，绝大多数上市公司存在关联方关系及关联方交易。关联方关系及其交易是一种独特的经济形式，涉及企业经营的多个环节，如采购、销售、担保、代理等。与遵循市场竞争原则的独立交易相比，虽然交易成本较小，却往往存在利益的诱惑，致使上市公司利用关联方及其交易进行利润操纵，损害利益相关者的权益。因此，关注关联方关系、关联方交易，尤其是关联方的披露尤其重要。

（二）关联方交易的统计

1. 关联方交易类型及具体情况分析

（1）2011 年，发生关联交易的上市公司数量为 2 338 家，在这些家公司中，存在着不同形式的关联方交易，统计情况见表 6-4。

表 6-4　　2011 年上市公司关联方交易类型情况统计表

交易类型	披露该项交易的企业数	占截至本报告日已发年报家数（发生关联交易）的百分比
一、购买商品或接受劳务	1 298	55.83%
二、销售商品或提供劳务	1 234	53.08%
三、购买或销售商品以外的其他资产	357	15.35%
四、担保	1 114	47.91%
五、租赁	908	39.05%
六、提供资金（贷款或股权投资）	580	24.95%
七、代理	67	2.89%
八、研究与开发项目的转移	18	0.77%
九、许可协议	98	4.22%
十、代表企业或由企业另一方进行债务结算	27	1.16%
十一、关键管理人员薪酬	842	36.22%
定价政策的披露	1 660	71.40%

在会计准则规定的11种交易中，购买商品或接受劳务、销售商品或提供劳务及担保发生的较多，所占比例分别为55.83%、53.08%和47.91%，而有些项目发生的比较少，如代理、研究与开发项目的转移、许可协议和代表企业或由企业另一方进行债务结算等项目。

其中，前两项交易（购买商品或接受劳务、销售商品或提供劳务）的汇总数据见表6-5。

表6-5 **2011年前两项关联交易情况统计表** 金额单位：亿元

项目	本期发生额	同类交易总额	占同类交易总额的比例
购买商品或接受劳务	13 857.16	1 151 697.06	1.2%
销售商品或提供劳务	11 559.52	616 747.75	1.87%

从占同类交易总额的比例上可以看出，总体而言，购买商品或接受劳务的关联交易并不是构成营业成本的主要内容，销售商品或提供劳务的关联交易也不是构成营业收入的主要来源。

（2）2010年，在发生关联交易的1 984家企业中，按交易类型汇总后的数据见表6-6。

表6-6 **2010年上市公司关联方交易类型情况统计表**

交易类型	披露该项交易的企业数	占截至本报告日已发年报家数（发生关联交易）的百分比
一、购买商品或接受劳务	1 225	61.74%
二、销售商品或提供劳务	1 151	58.01%
三、购买或销售商品以外的其他资产	369	18.60%
四、担保	1 125	56.70%
五、租赁	941	47.43%
六、提供资金（贷款或股权投资）	505	25.45%
七、代理	104	5.24%
八、研究与开发项目的转移	6	0.30%
九、许可协议	61	3.07%
十、代表企业或由企业另一方进行债务结算	25	1.26%
十一、关键管理人员薪酬	653	32.91%
定价政策的披露	1 766	89.01%

在会计准则规定的11种交易中，购买商品或接受劳务、销售商品或提供劳务及担保发生得较多，在这1 984家企业中占比均在55%以上，而有些项目发生得比较少，如代理、研究与开发项目的转移、许可协议和代表企业或由企业另一方进行债务结算等项目。

其中，前两项交易（购买商品或接受劳务、销售商品或提供劳务）的汇总数据见表6-7。

表6-7 2010年前两项关联交易情况统计表 金额单位：亿元

项目	本期发生额	同类交易总额	占同类交易总额的比例
购买商品或接受劳务	13 852.45	1 151 697.06	1.2%
销售商品或提供劳务	16 118.63	616 747.75	2.61%

从占同类交易总额的比例上可以看出，总体而言，购买商品或接受劳务的关联交易并不是构成营业成本的主要内容，销售商品或提供劳务的关联交易也不是构成营业收入的主要来源。

综上，可以看出，在所有关于关联方交易的类型中，购买商品或接受劳务所占的比例最大，是关联方之间较为常见的交易情况，其次是销售商品或提供劳务、担保和租赁，研究与开发项目的转移所占比例最小。从各企业交易的具体情况及实现收入、发生成本明细统计数据中可以看出，各类关联交易的定价政策，多为市场价或参考市场价格做出一定调整，关联交易并不构成企业正常生产经营的主要途径。

2. 关于关联方应收及应付账款情况

（1）2011年关联方应收应付款情况，见表6-8。

表6-8 2011年关联方应收应付款情况统计表

项目	具体情况及家数		占截至本报告日已发年报家数（存在关联方）的百分比	截至本报告日已发年报（存在关联方）总家数
期末是否存在关联方应收应付款项余额	是	1 812	77.28%	2 341
	否	529	22.72%	

2 341家企业中，529家企业期末关联方应收应付款项余额为零，占截至本报告日已发年报家数（存在关联方）的22.72%；1 812家企业期末关联方应收应付款项余额不为零，占截至本报告日已发年报家数（存在关联方）的77.28%，企业有关联方占用资金和企业占用关联方资金的现象。

其中，2011 年关联方应收应付款余额不为零的企业情况见表 6-9。

表 6-9　　2011 年关联方应收应付款余额不为零的企业情况统计表　　金额单位：亿元

项目	期末账面余额	该账户期末资产负债表账面余额	关联交易比例
应收账款（票据）	1 211.37	12 815.81	9.45%
预付款项	603.34	3 674.61	16.42%
应付账款（票据）	7 522.23	17 256.22	43.59%
其他应付账款	1 860.06	8 384.32	22.19%
预收款项	259.98	6 481.28	4.01%

从主要业务往来的应收账款和应付账款来看，应收账款（票据）只占 9.45% 的比例，总体来说处于良好状态，但是应付账款（票据）所占比例达到 43.59%，值得注意；其他应付账款和预付款项的关联交易比例比较高，分别为 22.19% 和 16.42%，应引起注意。

另外，如果关联方应收款项有余额，还应披露其坏账准备的余额，根据统计，有 607 家企业披露了坏账准备，约占截至本报告日已发年报家数（存在关联方）的 26%。

（2）2010 年关联方应收应付款情况见表 6-10。

表 6-10　　2010 年关联方应收应付款情况统计表

项目	具体情况及家数		占截至本报告日已发年报家数（存在关联方）的百分比	截至本报告日已发年报（存在关联方）总家数
期末是否存在关联方应收应付款项余额	是	1 763	83.12%	2 121
	否	358	16.88%	

这 2121 家企业中，有 358 家企业期末关联方应收应付款项余额为零，占 16.88%；1 763 家企业期末关联方应收应付款项余额不为零，占 83.12%，企业有关联方占用资金和企业占用关联方资金的现象。

其中，2010 年关联方应收应付款项余额不为零的企业情况见表 6-11。

表 6-11　2010 年关联方应收应付款余额不为零的企业情况统计表　金额单位：亿元

项目	期末账面余额	该账户期末资产负债表账面余额	关联交易比例
应收账款（票据）	979.64	10 821.53	9.05%
其他应收款	568.22	3 123.05	18.19%
预付款项	581.33	3 632.63	16.00%
应付账款（票据）	2 162.88	18 355.75	11.78%
其他应付账款	1 294.47	5 951.25	21.75%
预收款项	235.56	6 474.98	3.64%

从主要业务往来的应收账款和应付账款来看，关联方交易所占用的资金情况总体来说处于良好状态，分别只有 9.05% 和 11.78%；其他应付账款和预付款项的关联交易比例比较高，分别为 18.19% 和 21.75%，应引起注意。

另外，如果关联方应收款项有余额，还应披露其坏账准备的余额，根据统计，有 829 家企业披露了坏账准备，占总数（存在关联方）的 39.09%。

（三）关联方披露准则具体执行情况总结

截至 2011 年 4 月 30 日，2 121 家企业中只有 5 家公司的关联方披露不符合准则要求。其中，亚宝药业（600351）——将购买土地使用权划入购买商品中；粤高速 A（000429）——将固定资产、无形资产等的销售算入购买商品、提供劳务的业务中；华侨城 A（000069）——将关联方租赁计入购买商品或销售商品的业务中；华神集团（000790）——将关联方租赁计入购买商品或销售商品的业务中；同济科技（600846）——将租赁收入计入提供劳务收入中。

截至 2012 年 4 月 30 日，2 341 家企业中只有 3 家公司的关联方披露不符合准则要求。其中，渤海租赁（000415）——将担保收入放入出售商品、提供劳务的业务中；新华都（002264）——关联交易本期发生额为 227 984.00 元，但未具体披露是购买或接受劳务交易，还是销售或提供劳务交易，而且交易的定价政策也没有披露；精艺股份（002295）——其他应收款中，应收关联方总计 277 320 000元（资金占用情况），数目较大，年报中披露不清楚，而且与资产负债表中其他应收款及其明细不一致。

从 2010 年、2011 年两年的上市公司数据中可以看出，企业披露关联方关系和关联方交易情况都比较规范，虽没有固定模式，但绝大部分都能够如实反映真实的交易情况。

对于关联方资金占用的情况、坏账准备的披露还不是很规范，只有一小部分企业披露了坏账准备，显然是不够充分的。

在新准则要求披露公司的主要投资者个人及与其关系密切的家庭成员、公司或其母公司的关键管理人员及其关系密切的家庭成员及他们控制、共同控制或施加重大影响的其他公司后，实际披露的公司数量并不多，应加强宣传力度。

二、典型案例

关联方关系的认定可以分为以下 10 种情形，对于不同情况下，关联方关系的认定都有着不同的标准和要求，下面将针对每一种情形，举出一个真实的案例，用来对不同情形下的关联方关系进行简要的说明，以方便理解。

（一）关联方关系的认定案例

1. 企业的关联方为企业的母公司

《方正科技集团股份有限公司（以下简称“公司”）关于公司与北大方正集团有限公司（以下简称“方正集团”）续签<贷款相互担保协议（2014 年）>的关联交易公告》

鉴于公司与方正集团已于 2011 年 3 月签署了《贷款相互担保协议（2011 年)》，该协议中约定北大方正集团为公司提供信用担保，担保总额不超过人民币 5 亿元，以累计担保余额计算；公司为方正集团提供担保总额不超过人民币 5 亿元，以累计担保余额计算；双方互保期限为 3 年。现经双方友好协商，本着互惠互利长期合作的原则，就双方银行贷款或开具票据业务的担保事宜，继续续签担保协议。北大方正信息产业集团有限公司（以下简称“方正信产”）为公司控股股东，方正集团持有方正信产 100% 股份，故本次续签担保协议构成关联交易。

2. 企业的关联方为企业的子公司

《深圳长城开发科技股份有限公司关于使用募集资金向全资子公司惠州长城开发科技有限公司增资的公告》

根据深圳长城开发科技股份有限公司（以下简称“公司”）2013 年（第一次）临时股东大会审议批准的《关于公司非公开发行 A 股股票的议案》等相关决议，以及经中国证券监督管理委员会核准，公司本次非公开发行股票实际募集资金净额 677 336 198. 10 元人民币，分别用于“智能移动通信终端搬迁扩产建设项目”、“国际智能电表计量终端与管理系统项目”、“高端医疗电子设备及部件生产项目”和“补充公司流动资金”四个项目，其中“智能移动通信终端搬迁扩产建设项目”、“国际智能电表计量终端与管理系统项目”实施主体为本公司全资子公司惠州长城开发科技有限公司（以下简称“惠州开发”）。

3. 企业的关联方为与该企业受同一母公司控制的其他企业

《上海华虹计通智能系统股份有限公司关于关联交易的公告》

由于上海华虹计通智能系统股份有限公司（以下简称“公司”）和上海华虹挚

芯电子科技有限公司同为上海华虹（集团）有限公司控股的公司，故华虹挚芯为公司的关联方。公司（买方）于2014年4月9日和嘉轩至诚科技有限公司（卖方）及华虹挚芯签订采购合同，委托华虹挚芯采购高见泽硬币模块ESM-2511RB（K），合计86 526 000.00日元。公司与华虹挚芯的日常交易为关联交易。

4. 企业的关联方为对该企业实施共同控制的投资方

《浙江大东南股份有限公司关于公司收购设备暨关联交易公告》

为增强浙江大东南股份有限公司（以下简称“公司”或“本公司”）科研创新能力，提升企业的核心竞争力，进一步加快公司转型升级步伐，公司拟收购浙江大东南进出口有限公司（以下简称“进出口公司”）所有的静电纺丝新设备（以下简称“交易标的”、“目标资产”，该设备截至目前相关验收工作未完成），经双方协商一致，公司与进出口公司于2013年12月30日在诸暨签订了《资产转让协议》，根据《资产转让协议》，收购价格以交易标的进口的价格为作价依据（含设备款、报关税、增值税及产生的各类手续费），即收购价格确定为504.84万元（含税）。浙江大东南集团有限公司（以下简称“集团公司”）直接持有本公司35.88%的股权，并通过浙江大东南集团诸暨贸易有限公司间接持有本公司3.00%的股权，是本公司控股股东，进出口公司系集团公司一致行动人，根据《深圳证券交易所股票上市规则》的规定，本次交易构成了关联交易。

5. 企业的关联方为对该企业施加重大影响的投资方

《泛海建设集团股份有限公司关于签署股权转让协议暨关联交易的公告》

泛海建设集团股份有限公司（以下简称“公司”或“本公司”）拟与公司控股股东中国泛海控股集团有限公司（以下简称“中国泛海”）、股东泛海能源投资股份有限公司（简称“泛海能源”）签署《关于民生证券股份有限公司股权转让协议》，约定公司以人民币3 274 205 329.78元（即每股收购价格为2.06元）受让中国泛海、泛海能源持有的民生证券股份有限公司（简称“民生证券”）72.999%的股权。其中：公司以人民币2 996 105 329.78元受让中国泛海持有的民生证券1 454 420 063股普通股（即民生证券66.799%的股权）；以人民币278 100 000元受让泛海能源持有的民生证券135 000 000股普通股（即民生证券6.200%的股权）。根据《关于民生证券股份有限公司股权转让协议》约定，公司将以现金的方式向中国泛海、泛海能源支付上述股权收购价款。因中国泛海为本公司控股股东、泛海能源为本公司第二大股东，故根据《深圳证券交易所股票上市规则》的规定，本次交易构成关联交易。

6. 企业的关联方为该企业的合营企业

《大湖水殖股份有限公司关于收购江苏阳澄湖大闸蟹股份有限公司股权及关联交易的公告》

大湖水殖股份有限公司（以下简称“公司”或“本公司”）拟出售上海

泓鑫置业有限公司48.92%股权，根据股权转让意向的约定，上海泓鑫对外投资形成的权益由股东处置。据此，本公司按照持有上海泓鑫的股权比例对应收购上海泓鑫置业有限公司持有江苏阳澄湖大闸蟹股份有限公司60%股权中对应的48.92%的股权，占江苏阳澄湖大闸蟹股份有限公司总股本的29.352%。其对应的2012年12月31日的账面净资产价值6 374 733.12元为本次收购价格。本次收购完成后，将原由参股公司持股变更为本公司直接持有江苏阳澄湖大闸蟹股份有限公司股权，股权比例未发生实质性变化。因上海泓鑫置业为本公司与第一大股东的合资公司，属于关联交易，关联董事罗订坤先生回避了表决。

7. 企业的关联方为该企业的联营企业

《上海仪电电子股份有限公司关于向上海仪电电子信息技术开发有限公司转让金穗路1398房地产资产暨关联交易的公告》

为加快推进上海仪电电子股份有限公司（以下称“仪电电子”或“本公司”）金穗路1398号地块的二次开发工作，本公司拟引入专业从事办公及工业物业开发业务的华鑫置业（集团）有限公司（以下称“华鑫置业”）作为开发项目合作方。经于2014年4月1日召开的公司八届二十五次董事会会议决议同意与华鑫置业共同向上海仪电电子信息技术开发有限公司增资，并由该公司负责金穗路1398号地块的二次开发的方案制定与项目实施工作。考虑到金穗路1398号地块二次开发的投资规模较大，建设周期时间较长和仪电电子主业发展所需资金的中长期安排等因素，本公司拟将金穗路1398号房地产资产以经第三方评估的价值50 020.2万元在上海仪电电子信息技术开发有限公司增资的工商登记变更完成后整体转让给该公司。金穗路1398号地块房地产资产整体转让后，上海仪电电子信息技术开发有限公司将作为项目主体公司（以下称“项目公司”）承担金穗路1398号地块二次开发项目的实施与经营。项目开发所需资金由项目公司自行筹措。因项目公司增资后成为本公司的参股公司，且持有其51%股权的华鑫置业（集团）有限公司系公司实际控制人上海仪电控股（集团）公司的全资子公司，符合《上海证券交易所股票上市规则》第“10.1.3（二）”项规定的情形，本次向项目公司转让金穗路1398号房地产资产事项构成关联交易。

8. 企业的关联方为该企业的主要投资者个人及与其关系密切的家庭成员

《北京华胜天成科技股份有限公司关联交易公告》

截至2013年2月，北京华胜天成科技股份有限公司（以下简称“公司”）于2010年向中国进出口银行借款余款为人民币1.15亿元，公司的二位自然人股东（胡联奎、王维航）作为出质人分别将其持有的本公司股票质押给中国进出口银行作为担保，担保期限自2010年2月8日开始，有效期72个月。根据公司

《担保管理制度》的规定，公司有关部门组成担保审核委员会审核并与担保人协商，拟向二位担保人支付本年度担保费，金额为每人 57.5 万元人民币，合计 115 万元人民币。公司自然人股东胡联奎、王维航为公司的董事。因此，本次交易构成关联交易。

9. 企业的关联方为该企业或其母公司的关键管理人员及与其关系密切的家庭成员

《TCL 集团股份有限公司关于非公开发行涉及关联交易的公告》

TCL 集团股份有限公司（以下简称“本公司”）拟向特定对象非公开发行 A 股股票（以下简称“本次发行”），本次发行定价基准日为本次发行董事会决议公告日，发行价格不低于定价基准日前 20 个交易日公司股票交易均价的 90%。本次发行的具体发行价格将由股东大会授权董事会在取得本次发行股票的核准文件后，根据参与询价的发行对象的申购报价情况按照价格优先的原则确定。若公司股票在定价基准日至发行日期间有派息、送股、资本公积转增股本等除权除息事项，则发行底价将进行相应调整。公司董事长李东生先生拟参与本次发行的认购。2013 年 8 月 15 日，本公司与李东生先生签署了附生效条件的《非公开发行股票认购协议》，李东生先生作为战略投资者参与本次认购，认购金额不超过 3 亿元（含 3 亿元）。李东生先生不参与市场询价过程，但承诺接受市场询价结果，认购价格与其他发行对象的认购价格相同。李东生先生目前合计持有 51 157.03万股公司股票，占公司目前总股本的 6.02%，而且李东生先生是公司现任董事长，根据《深圳证券交易所股票上市规则》等相关法律法规，上述交易构成了本公司的关联交易。

10. 企业的关联方为该企业的主要投资者个人、与其关系密切的家庭成员控制、共同控制或施加重大影响的其他企业

《金融街控股股份有限公司关联交易公告》

金融街控股股份有限公司（以下简称“本公司”）拟将开发建设的金融街广安中心 B 地块 4 号楼东侧 5 个楼层办公楼（以下简称“该项目”）售予恒泰证券股份有限公司（以下简称“恒泰证券”），并与恒泰证券签订《金融街广安中心 B 地块项目写字楼订购协议书》（以下简称“协议书”）。根据协议书内容，该项目暂定总价款为 5.085 亿元。协议书约定：“本协议经双方各自完成公司治理结构审批程序且经双方签字盖章后方可生效”。由于公司副董事长鞠瑾先生任恒泰证券董事，同时，恒泰证券董事长庞介民先生系公司第一大股东北京金融街投资（集团）有限公司副总经理，恒泰证券董事陈广垒先生系公司第一大股东北京金融街投资（集团）有限公司总经济师，根据《深圳证券交易所股票上市规则》第“10.1.3”条和第“10.1.5”条，恒泰证券属于公司的关联法人，恒泰证券购买该项目构成关联交易。

（二）典型完整案例分析

我们将以紫鑫药业（002118）为例说明《企业会计准则第 36 号——关联方披露》是如何在企业中执行的，并通过该公司的执行情况找出企业存在的问题。

1. 企业简介

紫鑫药业全称为吉林紫鑫药业股份有限公司，其前身是 1998 年 5 月由敦化市康平保健食品有限责任公司、敦化市吉泰经贸有限责任公司共同发起成立的通化紫金药业有限责任公司。2007 年 3 月，紫鑫药业以每股 9.56 元的价格在深圳证券交易所上市，法人代表为郭春生。紫鑫药业主要业务为中成药研发、生产、销售和中药材种植，以治疗心脑血管、消化系统疾病和骨伤类中成药为主导品种，现有主要产品有活血通脉片、醒脑再造胶囊、复方益肝灵片、麝香接骨胶囊、四妙丸和补肾安神口服液等。

2. 紫鑫药业 2010 年关联方及关联交易披露情况

2010 年，紫鑫药业将人参产业纳入业务范畴，业绩实现了惊人的增长，当年营业收入为 6.4 亿元，同比增长 151%；净利润 1.73 亿元，同比增长 184%。紫鑫药业 2010 年关联方及关联交易具体披露情况见表 6-12 至表 6-14。

表 6-12 2010 年紫鑫药业的母公司情况表

母公司名称	企业类型	注册地址	法定代表人	业务性质	注册资本	持股比例	表决权比例	本公司最终控制方	组织机构代码
敦化市康平投资有限责任公司	有限公司	敦化市胜利南大街104号	关立影	投资	4 735 万元	49.02%	49.02%	郭春生	24483598-7

表 6-13 紫鑫药业的子公司情况表

子公司名称	企业类型	注册地址	法定代表人	业务性质	注册资本	母公司对本公司的持股比例	母公司对本公司的表决权比例	组织机构代码
吉林紫鑫敦化医药药材有限公司	有限公司	吉林省敦化经济开发区	聂春梅	批发、零售中成药、化学药制剂、保健食品、药材原料	100 万元	99.00%	99.00%	761122265
吉林紫鑫红石种养殖有限公司	有限公司	柳河县柳河镇	刘宝武	中药材种植销售、动物养殖、农副产品收购等	1 000 万元	100.00%	100.00%	67730847-X

续表

子公司名称	企业类型	注册地址	法定代表人	业务性质	注册资本	母公司对本公司的持股比例	母公司对本公司的表决权比例	组织机构代码
吉林草还丹药业有限公司	有限公司	敦化市经济开发区工业区9号	关利国	中成药、中药材、化学药品制剂加工销售、食品加工销售、酒精、白酒及饮料酒制造、针织品加工、广告业、种养殖业等	5 000 万元	100.00%	100.00%	73258383-8
吉林紫鑫初元药业有限公司	有限公司	延边州新兴工业集中区	桑国强	加工、销售中成药、化学药制剂（仅限于筹建）；人参收购、销售、粗加工等	2 000 万元	100.00%	100.00%	5527182-4
吉林紫鑫般若药业有限公司	有限公司	磐石经济开发区西点大街	范水波	用于中成药制造项目建设（不得从事生产活动）；农副土特产品、人参收购及深加工、销售等	2 000 万元	100.00%	100.00%	55527751-3
吉林紫鑫药物研究有限公司	有限公司	长春市南关区东头道街5号	殷金龙	新药、保健食品、化学原料药的研发；技术转让、技术咨询、成果转让等	200 万元	100.00%	100.00%	55976951-X
吉林紫鑫人参研发有限公司	有限公司	长春市南关区东头道街5号	李坤	人参及相关产品的研发、保健食品研发；技术转让、技术咨询、成果转让等	200 万元	100.00%	100.00%	55976954-X

表 6-14 **紫鑫药业的其他关联方情况表**

其他关联方名称	其他关联方与本公司关系	组织机构代码
长春农村商业银行股份有限公司	其他股权投资	69145667-1
吉林环境能源交易所有限公司	其他股权投资	56508161-0

3. 紫鑫药业2010年关联方及关联交易披露情况分析

由上述披露信息可以发现，2010年企业的关联方主要有：一家以郭春生为最终控制人的敦化市康平投资有限责任公司作为母公司；吉林紫鑫敦化医药药材有限公司、吉林紫鑫红石种养殖有限公司、吉林草还丹药业有限公司、吉林紫鑫初元药业有限公司、吉林紫鑫般若药业有限公司、吉林紫鑫药物研究有限公司、吉林紫鑫人参研发有限公司等7家公司为子公司；其他关联方为企业的其他股权投资公司：长春农村商业银行股份有限公司及吉林环境能源交易所有限公司。此外，母子公司的业务性质、注册地、注册资本、母公司对其持股比例和表决权比例以及该企业对子公司持股比例和表决权比例均在附注中有所体现。但该企业当年的关联交易情况并未在附注中进行披露。

4. 被隐藏了的关联方及关联交易

紫鑫药业创造的“奇迹”，引发了市场的强烈关注。但2011年上海证券报揭示了这个“奇迹”背后真正的原因——紫鑫药业利用未披露的关联交易自买自卖，虚增营业收入与利润。

表6-15为紫鑫药业2010年年报中前五名客户带来的营业收入情况表。

表6-15　　紫鑫药业2010年年报中前五名客户带来的营业收入情况表

客户名称	营业收入（元）	占公司全部营业收入的比例
四川平大生物制品有限责任公司	70 685 840.71	11.00%
亳州千草药业饮片厂	68 906 024.00	10.73%
吉林正德药业有限公司	61 130 030.60	9.52%
通化立发人参贸易有限公司	16 028 761.06	2.49%
通化文博人参贸易有限公司	15 829 646.02	2.46%
合 计	232 580 302.39	36.20%

从表6-15可以发现前五家客户占据了紫鑫药业36%的营业收入份额。但据上海证券报记者调查，这五家公司与紫鑫药业都具有千丝万缕的关联关系。四川平大生物制品有限责任公司由长春资本控股，而长春资本实际上又受控于紫鑫药业；持有亳州千草药业饮片厂56%股份的第一大股东是紫鑫药业的全资子公司吉林草还丹药业公司；吉林正德药业有限公司的法人是紫鑫药业法人郭春生的亲属郭春林。紫鑫药业供货方延边嘉益人参贸易有限公司、延边耀宇人参贸易有限公司、延边欣鑫人参贸易有限公司、延边劲辉人参贸易有限公司这四家公司在成立时间、经营范围、公司住所，甚至集中迁址时间等多方面具有高度的相似性，更有大量证据显示上述公司的幕后操控方是公司董事长的亲属及同学。可是紫鑫药业并未对这些关联方及关联关系进行披露。在紫鑫药业的自查报告中，承认公司2010年第二大客户亳州千草药业饮片厂，第三大客户正德药业，以及重要客

户通化鸿涛与上市公司存在巨额内部交易，而且这些交易均未履行必要的审议程序，更未如实披露。

5. 2011 年紫鑫药业关联方及关联交易披露情况

在市场的强烈关注下，证监会 2011 年 10 月对紫鑫药业的涉嫌违规行为开展调查，紫鑫药业在重重压力之下也开展了相关自查工作。经历了系列调查之后，紫鑫药业对于关联方及关联交易的披露见表 6-16 至 6-19。

表 6-16 2011 年紫鑫药业的母公司情况表

母公司名称	企业类型	注册地址	法定代表人	业务性质	注册资本	持股比例	表决权比例	本公司最终控制方	组织机构代码
敦化市康平投资有限责任公司	有限公司	敦化市胜利南大街104号	郭春辉	投资	4 735 万元	49.02%	49.02%	郭春生及其家族	24483598-7

表 6-17 2011 年紫鑫药业子公司情况表

子公司名称	企业类型	注册地址	法定代表人	业务性质	注册资本	母公司对本公司的持股比例	母公司对本公司的表决权比例	组织机构代码
吉林紫鑫敦化医药药材有限公司	有限公司	吉林省敦化经济开发区	聂春梅	批发、零售中成药、化学药制剂、保健食品、药材原料	100 万元	99.00%	99.00%	761122265
吉林紫鑫红石种养殖有限公司	有限公司	柳河县柳河镇	刘宝武	中药材种植销售、动物养殖、农副产品收购等	1 000 万元	100.00%	100.00%	67730847-X
吉林草还丹药业有限公司	有限公司	敦化市经济开发区工业区9号	关利国	中成药、中药材、化学药品制剂加工销售、食品加工销售、酒精、白酒及饮料酒制造、针织品加工、广告业、种养殖业等	5 000 万元	100.00%	100.00%	73258383-8

续表

子公司名称	企业类型	注册地址	法定代表人	业务性质	注册资本	母公司对本公司的持股比例	母公司对本公司的表决权比例	组织机构代码
吉林紫鑫初元药业有限公司	有限公司	延边州新兴工业集中区	桑国强	加工、销售中成药、化学药制剂（仅限于筹建）；人参收购、销售、粗加工等	2 000万元	100.00%	100.00%	5527182-4
吉林紫鑫般若药业有限公司	有限公司	磐石经济开发区西点大街	范水波	用于中成药制造项目建设（不得从事生产活动）；农副土特产品、人参收购及深加工、销售等	2 000万元	100.00%	100.00%	55527751-3
吉林紫鑫药物研究有限公司	有限公司	长春市南关区东头道街5号	殷金龙	新药、保健食品、化学原料药的研发；技术转让、技术咨询、成果转让等	200万元	100.00%	100.00%	55976951-X
吉林紫鑫人参研发有限公司	有限公司	长春市南关区东头道街5号	李坤	人参及相关产品的研发、保健食品研发；技术转让、技术咨询、成果转让等	200万元	100.00%	100.00%	55976954-X
吉林紫鑫人参销售有限公司	有限公司	长春市南关区东头道街5号	曹恩辉	人参及相关产品的销售	5 000万元	100%	100%	58462794-9
吉林紫鑫禺拙药业有限公司	有限公司	通化市东昌区环通乡长流村	朱严	医药生产项目建设（不得从事生产经营活动）	5 000万元	100%	100%	58462667-1

表 6-18　　2011 年紫鑫药业的其他关联方情况表

其他关联方名称	其他关联方与本公司关系	组织机构代码
长春农村商业银行股份有限公司	其他股权投资	69145667-1
吉林环境能源交易所有限公司	其他股权投资	56508161-0
通化鸿涛人参销售有限公司	同受控股股东控制	555289688
吉林正德药业有限公司	同受控股股东控制	74933290-4

表 6-19　　2011 年紫鑫药业的关联交易情况表　　金额单位：元

关联方	交易类型	交易内容	交易定价方式	2011 年度		2010 年度	
				金额	占同类交易金额的比例	金额	占同类交易金额的比例
通化鸿涛人参贸易有限公司	销售	人参产品	市场价格	72 263 340.91	11.57%	15 630 530.97	4.35%
吉林正德药业有限公司	销售	人参产品	市场价格			61 130 030.60	17.02%
合计	—	—	—	72 263 340.91	11.57%	76 760 561.57	11.95%

6. 紫鑫药业 2011 年关联方及关联交易披露情况分析

由紫鑫药业 2011 年财务报告附注中披露的相关信息可以发现如下改变：由于郭春生通过其亲属（妻子持股 42.42%，母亲持股 34.84%，其他亲属持股 6.04%）的股份，成为该公司的实际控制人，因此母公司的最终控制方改变为“郭春生及其家族”；增加了吉林紫鑫人参销售有限公司和吉林紫鑫禺拙药业有限公司为其子公司，使子公司数量变为 9 家；其他关联方除了企业原有的其他股权投资企业外还增加披露了通化鸿涛人参销售有限公司和吉林正德药业有限公司 2 家同受控股股东控制的企业；关联交易方面，企业不仅披露了当年的数据还补充披露了 2010 年的关联交易方、交易类型、交易内容、交易定价方式及交易金额和占同类交易金额的比例。

7. 紫鑫药业案例简要分析

紫鑫药业利用关联方交易自买自卖，制造虚假盈利，进而达到套现目的的行为被视为第二个“银广夏”事件。紫鑫药业事件的发生，究其原因，主要在于本身内部控制存在较大缺陷。首先，企业的董事长和总经理为同一人，多名董事也存在兼任其他要职的情况，治理层与管理层的职位产生较大交集，使得企业资源和权力控制在少数人手中，正是这种治理结构为隐瞒关联方、进行关联交易提供了可能。其次，紫鑫药业在自查报告中陈述：该企业内部审计部门负责人的提名与任免，都未经过审计委员会和董事会，这说明企业的内部监督并未发挥实质性作用。最后，作为最有监督力的外部独立审计师，在此次案例中未保持应有的职业怀疑态度，对被审计单位存在舞弊的可能性估计不足，没有采取恰当的应对措施，以至于对紫鑫药业 2010 年的财务报告发表了标准无保留的审计意见。

三、思考题

1. 为什么企业要在财务报表中披露关联方及关联方交易？
2. 如何有效地界定关联方及关联方交易？
3. 上市公司对于关联方披露的总体执行情况存在哪些问题？
4. 如何规范企业对于关联方及关联方交易的披露？

四、思考题参考思路

1. 我国上市公司存在较多的关联方交易，许多公司的关联方交易成为实现某些特殊目的的暗箱操作。在我国法律、法规尚不健全的大环境下，企业之间交易价格偏离了市场公平交易准则，采取协议定价的原则，定价的高低取决于公司的需要，使利润在公司之间转移。这就使得关联交易容易成为上市公司与集团公司调节利润、避税和为一些部门及个人牟利的手段。

很多学者认为关联方交易是掏空上市公司的工具。所以，在财务报表中我们应该披露上市公司关联方及关联方交易，而且有必要对其披露的规范性等进行监督。因为会计信息披露是否有效直接关系到信息使用者的决策效果，关联方关系及交易信息的充分披露既可以增加财务报表的有用性，又可以在一定程度上阻止经理人员利用关联方交易来操纵业绩的行为发生。但关联交易因为其定价的灵活性、交易方式的多样性和交易方式的不规范性，使其成为不少上市公司操纵利润的手段。目前，在关联方交易信息披露中存在很多问题，非常有必要加强关联方交易信息披露的规范性。

2. 需要完善会计准则中对于关联方及关联方交易的定义。会计准则要根据企业关联交易信息披露出现的新情况和新问题及时予以完善改进，争取最大程度地抑制非公允关联交易的发生。

笔者认为应考虑的是完善会计准则中关联方的界定。针对企业在认定关联方时的主观性，会计准则应在按照实质重于形式的原则来判断关联关系的基础之上，要求企业在附注中关联方披露前面声明企业已经按照准则的要求准确全面地披露了所有关联方，而不是仅仅披露发生了关联交易的关联方或者仅仅是披露了存在直接控制或重大影响关系的关联方。而且，会计准则应将最终控制人纳入关联方的范畴。准则中规定企业披露最终控制方名称，但是没有明确表示将最终控制人归为关联方。虽然，最终控制人不直接拥有上市公司的股份，但是他可以通过企业集团内部协议或其他安排等合法途径控制他人控制的上市公司并促使关联链条上关联交易的发生。

在界定关联方及其交易时，也应该考虑实质重于形式原则。为了避免出现企业通过交易将以前的关联方转为非关联方，但在短时间内彼此又发生影响经营成果的交易等情况的出现，我国会计准则可以学习英国会计准则对关联交易的确定原则，考虑加一个“时间性的判断标准”概念，将发生在建立或解除关联关系前后一定时间（如半年）内的交易，规定企业说明建立或解除关联关系的正当原因，若不能说明则将其作为关联交易进行披露。而且可以利用审计师的审计作用，检查相关交易是否符合市场情况，来判断其是否为关联方交易。

3. 基于前文的介绍，笔者认为我国上市公司能够按照关联方披露准则的要求披露各企业的关联方及关联方交易的信息。但同时也存在着以下几点问题需要我们关注：

（1）关联方交易的非关联化。

会计准则在不断扩大关联方及关联方交易的披露范围，但是企业却利用第三方将关联交易非关联化。企业的母公司找到与其子公司无关的第三方公司，将产品销售给第三方，第三方再将产品销售给子公司。这样就很好地规避了会计准则中对于关联方交易披露的限制。在上市公司中，将关联方交易非关联化已经成为了一种普遍现象，如果不对这种行为进行必要的监管，势必会使企业会计准则的相关规定流于形式。

（2）增加关联方信息表外披露的比重。

会计准则中要求关联方表内抵消，可以最大程度地减少关联方交易对于企业利润的影响。但是企业发生关联方交易就会存在一些特殊的目的。因此，增加关联方信息表外披露的比重，将其与表内抵消相结合，可以更大限度地规范企业的行为，有效地保护投资者。

（3）关联方交易的披露内容不够具体。

一些企业对于其在财务报表中的关联方披露信息披露得不充分，这就给信息使用者带来了很大的问题。基于这种情况，笔者认为可以在基本财务报表的基础上，增加关联方报表，将关联方及关联方交易的信息完整地披露在关联方报表中。

4. 如何规范企业对于关联方及关联方交易的披露？

针对企业对于关联方及关联方交易披露不够及时、不够充分等问题，笔者认为解决这个问题应该从企业的内部及外部两个方面来解决。一方面从企业内部加强自身管理，规范大股东行为，另一方面加强企业外部的监管。

对于企业内部制度建设，笔者认为可以从建立大股东制衡机制、完善独立董事制度等方面来重点实施。例如，保持独立董事的独立性、建立独立董事的约束机制、加强独立董事的话语权等。而对于加强外部监管，我们可以从加大证监会的监督力度、发挥证交所的监督作用、加强税务部门的协调监督和加大惩罚力度等几个方面来完善关联方及关联方交易披露的监管。与此同时，我们应该完善会计准则，增加关联方及关联交易的披露制度，同时规范关键管理人员薪酬的披露以及与其他相关制度的有效衔接。我们的监管部门要鼓励企业更多地进行自我披露，并建立上市公司信息披露评分体系，来逐步完善关联方及关联方交易披露。

主要参考文献及数据来源

[1] 程春根. 关联方披露存在的问题及改进建议 [J]. 财会月刊，2011 (22)：27-28.

[2] 李树学，孙晓洁. 关联方披露准则的解读及其对比分析 [J]. 中国农业会计，2010 (1)：28-31.

[3] 李现彩. 企业集团内部关联交易信息披露研究 [D]. 大连：东北财经大学，2012.

[4] 李小天. 我国上市公司关联交易的法律分析 [D]. 兰州：兰州大学，2013.

[5] 谭丽. 我国上市公司关联方交易的信息披露问题研究 [D]. 天津：天津商业大学，2008.

[6] 贾云. 我国上市公司关联方披露研究 [D]. 大连：东北财经大学，2010.

[7] 李莉. 中国上市公司关联交易监管制度研究 [D]. 济南：山东大学，2012.

[8] 王研. 关联方审计失败的原因及对策分析——以“紫鑫药业”为例 [J]. 西部财会，2013 (11)：72-75.

[9] 郝玉贵，刘李晓．关联方交易舞弊风险内部控制与审计——基于紫鑫药业案例的研究［J］．审计与经济研究，2012（7）：26-35.

（本章编写者：陈蕾　高天然　刘钊）